„Ich werde auch weiterhin von Kriegen berichten. Es geht gar nicht anders. Was geschieht, muss sichtbar sein.“

ANDREA BRUCE

Gewidmet allen Journalistinnen,
die diesen Beruf
achten und lieben.

Und, natürlich, meiner Mutter Elisabeth.

ISBN 978-3-949582-10-3

Redaktion und Lektorat: Eva Römer
Covergestaltung: Sofarobotnik, Augsburg & München
Gestaltung und Satz: Karin Miller
Herstellung und Lithografie: Jan Russok, RR Creative Service
Druck und Bindung: ForPress, Nitra

Besuchen Sie uns im Internet unter www.esverlag.de

Rita Kohlmaier

KRIEGS-REPORTERINNEN

Im Einsatz für Wahrheit und Frieden

ELISABETH
SANDMANN
VERLAG

INHALT

VORWORT

„Die Welt muss das sehen!"

Mariupol und Odessa, Aleppo und Homs, Kabul und Kandahar, Bagdad und Faludscha – die Welt ist in unseren Tagen nicht besser, nicht friedlicher geworden. Und die Namen von Kriegsgebieten und umkämpften Städten sind uns fast so geläufig wie die Ortsnamen in unserer eigenen Umgebung. Wer immer sich für das interessiert, was rund um die Erde geschieht, kommt nicht daran vorbei, auch eine Menge über Kriege und Kämpfe und Krisen zu wissen und ständig neu hinzuzulernen. Doch woher haben wir dieses Wissen? Durch wessen Brille betrachten wir diese kriegerischen Auseinandersetzungen? Wem verdanken wir Informationen, Erkenntnisse, Hintergründe und das Gefühl, uns ein Urteil bilden zu können? Wer also geht für uns in den Krieg, auf der Suche nach der Wahrheit?

30 Kriegsreporterinnen kommen in diesem Buch zu Wort. Einige von ihnen sind womöglich gerade in diesem Moment an irgendeiner Front, vielleicht in der Ukraine, vielleicht in Syrien; andere waren in den letzten Jahren in Afghanistan, im Irak, im Kongo, in Bosnien, in Tschetschenien, im Sudan – oder früher in Vietnam, in Korea, in China, im Spanischen Bürgerkrieg, im Zweiten und auch im Ersten Weltkrieg im Einsatz. Die älteste wurde 1874 geboren, die jüngsten erst 1986. Sie alle waren und sind mutig, unerschrocken und mit Leidenschaft für ihre Mission in Krisengebieten weltweit vor Ort, um zu berichten und uns ein Bild des Krieges, das Bild von Kampf, Flucht, Leid, Verlust und Vertreibung zu geben. Sie sind diejenigen, die unsere Haltung formen, darüber, was Krieg ist, was richtig ist und was falsch. Das Bild über das Böse, die Grausamkeit und den Vernichtungswillen. Und über das Gute, die Solidarität und die Menschlichkeit.

Sie kommen aus den unterschiedlichsten Ländern, sie haben sehr unterschiedliche Lebenswege, und jede einzelne hat ihr ganz eigenes Motiv, warum sie immer wieder in den Krieg zieht. Die meisten von ihnen waren anfangs eher zufällig auf die Schlachtfelder der Welt geraten, weil ihr Beruf als Auslandskorrespondentin sie dorthin führte, wie zum Beispiel die deutsche Fernsehjournalistin Katrin Eigendorf oder die britisch-iranische Reporterin Christiane Amanpour. Einige wollten unbedingt ins Kampfgebiet, weil sie hofften, dass sie dort gebraucht würden, wie etwa die Fotografin Anja Niedringhaus, die mit ihren Vorgesetzten hartnäckig darum stritt, ins besetzte Sarajevo entsandt zu werden. Und während sich die einen nach ihrer Mission wieder ins Private zurückzogen, wie die Reporter-Legende Lee Miller, die nach dem Zweiten Weltkrieg nicht mehr über das Erlebte sprechen konnte, machten andere bis ins hohe Alter weiter, wie die Autorin Martha Gellhorn, die mit weit über 80 noch mitgezogen war, um aus Mittelamerika zu berichten.

Nicht alle kehren wieder zurück, der Krieg fordert auch hier seine Opfer. Und so gilt ein Kapitel jenen, die – wie so manche Kolleginnen und Kollegen – für ihren Beruf und ihre Suche nach der Wahrheit mit dem Leben bezahlten. Gerta Taro, die in Spanien während eines Gefechts durch einen Unfall so schwer verletzt wurde, dass sie wenig später starb. Dickey Chapelle, die in Vietnam in eine Sprengfalle geriet. Marie Colvin, deren Unterschlupf in Syrien mit Granaten beschossen wurde, sie war sofort tot. Anna Politkowskaja, die wegen ihrer Berichterstattung in Moskau heimtückisch ermordet wurde. Anja Niedringhaus, die ein Attentäter in Afghanistan willkürlich auswählte. KriegsreporterInnen sind immer öfter erklärtes Ziel von Kriegsparteien und Milizionären. Sie werden entführt, als Geiseln im Machtpoker eingesetzt, ihnen drohen Folter und Vergewaltigung, sie leiden unter mangelnder Versorgung und werden von Heckenschützen ins Visier genommen oder bei Protesten ganz bewusst attackiert. Und sie alle riskieren, Schaden an ihrer Seele zu nehmen. Auch davon erzählt dieses Buch – Lynsey Addario, Clarissa Ward, Marie Colvin, weltweit anerkannte Reporter-Ikonen, die in den Abgrund blickten – und die darüber berichten.

„Sie wollen Zeugnis ablegen,
die Chronik eines Krieges,
einer Epoche mitschreiben,
unser kollektives Gedächtnis prägen.“

Sie kennen die Gefahr, sie wissen, was sie in einem Kriegsgebiet erwartet. Doch vor Ort ist neben aller Erfahrung, Aufmerksamkeit und trotz aller akribischer Schutzmaßnahmen der Instinkt oft der einzige Lebensretter. Sie haben abzuwägen – und dennoch gehen sie das Risiko ein, denn es ist ihr Job und sie lassen sich nicht einschüchtern oder abdrängen. Selbst wenn sie Schreckliches erlebt haben, zieht es die meisten nach einiger Zeit wieder an die Front zurück. Sie wollen Zeugnis ablegen, die Chronik eines Krieges, einer Epoche mitschreiben, unser kollektives Gedächtnis prägen und verhindern, dass die Gräuel und Verbrechen unentdeckt bleiben, den Opfern ein Gesicht und eine Stimme geben. „Zeigen, was passiert“, wie Katrin Eigendorf sagt.

Waren Frauen als Berichterstatter im Zweiten Weltkrieg oder in Vietnam noch in der absoluten Minderheit, so hat sich die Frage der Gleichberechtigung auch hier allmählich durchgesetzt. Dennoch, die Vorurteile gegen Reporterinnen an der Front sind längst nicht verschwunden. Vor 80 Jahren mussten sich Erika Mann und Martha Gellhorn ihre Plätze in den Korrespondenten-Trupps regelrecht erobern. Doch auch heute noch halten prominente und sehr kriegserfahrene Frauen wie Clarissa Ward oder Lynsey Addario ihre Schwangerschaften so lange wie möglich geheim, um nicht aussortiert zu werden. Selbst ein weltbekannter TV-Star wie Christiane Amanpour klagt über die ‚Old Boys Clubs', die so gerne unter sich bleiben und Frauen beiseiteschieben möchten. Doch es ist unbestritten, dass der weibliche Blick auf die Kriege ein besonderer ist. Es ist auch der Blick für die stillen Opfer, für die Menschen, die sooft ganz allgemein als „die Zivilbevölkerung" benannt werden. Aber jede und jeder von ihnen hat ein eigenes Schicksal, das erzählt werden sollte.

Also bleiben sie dran, voller Hoffnung und trotz aller Enttäuschungen. So wie sie den Tätern und deren Hintermännern in den Kriegen dieser Welt nichts durchgehen lassen. Sie sind nicht nur Zeuginnen, Beobachterinnen, Berichterstatterinnen, sondern gelegentlich auch Akteurinnen, wie Marie Colvin, deren unerschütterliche Anwesenheit dafür sorgte, dass ein Flüchtlingslager in Osttimor nicht niedergemacht, sondern befreit wurde. Und Anklägerinnen wie Lynsey Addario, deren Fotografien aus der Ukraine dazu beitragen werden, dass Kriegsverbrecher vor Gericht gebracht und verurteilt werden.

30 Kriegsreporterinnen würdigen wir in diesem Buch – stellvertretend für viele andere. Ihnen gehört unser Respekt, oft auch unsere Bewunderung, auf jeden Fall unser Dank. Denn sie sind diejenigen, die ihr Leben aufs Spiel setzen – für das eine Ziel: die Wahrheit zu suchen und zum Frieden beizutragen. Oder, wie Marie Colvin sagte: „Die Welt muss das sehen!"

Rita Kohlmaier, im Sommer 2022

„Krieg ist ein Platz der Extreme – es geht darum, wie Menschen ihre Menschlichkeit verlieren, aber auch, wie sie sie erlangen."

NICOLE TUNG

CHRISTIANE AMANPOUR

„Die Bösen dürfen nicht gewinnen. Je mehr wir trotz der Gefahren rausgehen und den Scheinwerfer auf die Dinge halten, desto schwieriger ist es, Schweinereien und Verstöße im Dunkeln zu lassen."

Christiane Amanpour, geboren 1958, ist seit vielen Jahren die bekannteste und wohl auch am besten bezahlte Fernsehjournalistin der Welt. Nach einem Journalistikstudium in London und Rhode Island begann sie 1983 beim frisch gegründeten Nachrichtensender CNN. Seit ihrer Berichterstattung im Golfkrieg 1990 ist sie als Kriegsreporterin unterwegs, so in den 90er Jahren auch in Bosnien, das sie das Vietnam ihrer Generation nannte. Seit 2012 moderiert sie eine eigene allabendliche Interview-Show, „Amanpour". Die bestens vernetzte Tochter einer Engländerin und eines Iraners gilt als furchtlos und streitbar – so attackierte sie die Trump-Administration mit einem Nazi-Vergleich. 2021 machte sie ihre Krebserkrankung öffentlich und beschwor Frauen, zu Vorsorgeuntersuchungen zu gehen.

Oh Gott, da ist Amanpour! Es wird doch nicht etwas Schlimmes auf uns zukommen!" Schon ihr bloßes Erscheinen auf dem Bildschirm versetze die Zuschauer gelegentlich in Sorge. So sei es ihr zugetragen worden, gibt die CNN-Reporterin in einer Rede zur Verleihung eines Journalistenpreises, des Edward R. Murrow Awards, zum Besten, sie wisse allerdings nicht, ob die Leute das witzig meinten. Doch die kleine Anekdote hat einen ernsten Hintergrund: Seit 1989 berichtet die Fernsehjournalistin von den Brennpunkten dieser Welt, auch Jahrzehnte später gilt sie noch als die Berühmtheit im internationalen Reporter-Team. Die *New York Times* titelte gar: „Wo ein Krieg ist, ist auch Amanpour". Christiane Amanpour hat, wenn man das so sagen kann, der Krisen- und Kriegsberichterstattung ein weltweit bekanntes Gesicht gegeben. Dass ausgerechnet eine Frau zum Star der härtesten Zunft im Journalismus aufsteigen konnte? Es war, neben einem ganz besonderen Talent, bester Ausbildung und eisernem Engagement womöglich auch eine Frage des richtigen Zeitpunkts am richtigen Ort. Denn als der Fernsehsender CNN sich entschloss, seinen Zuschauern Tag und Nacht nonstop Nachrichten zu liefern, war Christiane Amanpour da: vor der Kamera, im Golfkrieg, in Bosnien, in Afghanistan. Mehr als eine Milliarde Menschen in über 200 Ländern können den Sender empfangen. Die drei Buchstaben sind bekannt – und sie öffnen so manche Schranke, die anderen verschlossen bleibt.

1958 in London geboren, führt schon Christiane Amanpours Kindheit und Jugend durch mehrere Länder und Kontinente und irgendwie auch durch mehrere Welten. Die Familie – die Mutter ist Britin und Katholikin, der Vater Iraner und Moslem – war nach der Geburt der ältesten ihrer vier Töchter nach Teheran gezogen, wo damals noch der Schah herrscht, und wo die Familie ein privilegiertes Leben in Wohlstand führt. Mit elf kommt Christiane auf ein katholisches Internat in England, 1979, nach der Revolution im Iran, gehen auch die Eltern zurück. Doch da zieht die Tochter schon bald weiter, zum Journalistik-Studium in Providence, Rhode Island. Dort wird sie in einer Wohngemeinschaft mit dem

Präsidenten-Sohns John Kennedy jr. leben – ihr bester Freund bis zu seinem frühen Tod. Seine Mutter Jackie Onassis, so sagt sie, sei ihr eine wahre Mentorin geworden.

Trotz aller prominenter Kontakte: Ihr erster Job, eine Assistentenstelle, die sie 1983 beim kurz zuvor gegründeten Sender CNN antritt, ist reichlich unglamourös. Mit einem Koffer, ihrem Fahrrad und etwa 100 Dollar in der Tasche sei sie in Atlanta angekommen, und wegen ihres ausländischen Hintergrunds und britischen Akzents tatsächlich sofort im Auslands-Ressort gelandet, spöttelt sie später. Ein unbedeutender Lehrling, ein „tea boy" oder so etwas sei sie gewesen. Doch sie und ihre jungen Kollegen hätten den Pioniergeist des damals kleinen Senders CNN, den sie scherzhaft Chicken Noodle News nannten, geliebt und sich als Teil einer Revolution im Nachrichtengeschäft gefühlt. Alles schien möglich. „In aller Unschuld und sehr ehrgeizig, habe ich schnell angekündigt, was ich sein möchte, was ich sein würde, nämlich eine Auslandskorrespondentin." Ihr Plan war einfach: „Ich dachte, CNN könnte mein Ticket sein, die Welt zu bereisen."

Und so kam es. 1989 bot sich die Chance, von Georgia nach Frankfurt am Main zu wechseln, um den einen oder anderen Blick über den bröckelnden Eisernen Vorhang gen Osten zu werfen. Ein Job, der als langweilig galt, den niemand mochte, doch Christiane Amanpour griff zu. Und sie war am richtigen Ort, als Ende des Jahres in Berlin die Mauer fiel. Doch, was sich als viel nützlicher erwies – sie war nicht allzu weit entfernt, als 1990 der Irak das Nachbarland Kuwait überfiel und der Golfkrieg ausbrach. Es war der Einsatz, der sie tatsächlich berühmt machen sollte. Von Anfang an war der Sender rund um die Uhr vor Ort, wurde selbst zur Nachrichtenquelle für Journalisten weltweit. Zuerst in Saudi-Arabien eingesetzt, traf sie im Februar 1991 in Bagdad ein, wo sie von nun an mit ihrem renommierten Kollegen Peter Arnett zusammenarbeitet, wie sich dieser erinnert: „Wir teilten uns die Arbeit und gingen morgens, mittags und abends live auf Sendung." Bald war Christiane Amanpour das Markenzeichen der Berichterstattung.

Schon in den 1990er Jahren wird Christiane Amanpour internationale Chefkorrespondentin von CNN und als „Die First Lady des globalen Fernsehens" gefeiert

Bereits ab 1992 war sie dann zur internationalen Chefkorrespondentin aufgestiegen, und ist von da an für alles zuständig, sobald es weltweit Bedeutung hat. Das mussten nicht unbedingt Kriege sein. Sie setzt eigene Schwerpunkte und berichtet über das Schicksal aidskranker Kinder in rumänischen Waisenhäusern, den Tsunami im indischen Ozean oder aber auch über die Verheerungen nach dem Hurrikan Katrina in den USA. Das US Magazin *Newsweek* rief sie zur „First Lady des globalen Fernsehens“ aus, und es heißt, sie sei auch finanziell Nummer eins – mit weit über einer Million Dollar Verdienst im Jahr.

Irak, Afghanistan, Palästina, Iran, Pakistan, Ruanda, Somalia, vor allem aber der Krieg in Bosnien, den sie „my generation’s war“ nennt, das Vietnam ihrer Generation. Vier Jahre berichtete sie aus Sarajevo, bedroht von Artillerieangriffen, bedroht von Heckenschützen, bedroht von Krankheiten in einem Hotel mit schlechter sanitärer Ausstattung, ohne fließendes Wasser, mit miserabler Ernährung. Doch sie blieb, wie einige ihrer KollegInnen, im damals legendären „Holiday Inn“, um die Welt über die Grausamkeiten dieses Krieges zu informieren, um aufzurütteln. In der Heimat habe das Thema lange Zeit keine große Rolle gespielt, aber Christiane Amanpour ließ nicht locker. „Immer wieder hat sie die Leute in Atlanta angerufen und versucht, sie für den Krieg zu interessieren“, so ihr Kameramann Dave Rust 1999 im *Spiegel*. Am Ende habe sie Erfolg gehabt, „denn sie war bereit, ihr Leben für die Geschichte zu riskieren“.

„… dass ich in den letzten zehn Jahren fast jeden Tag in einem Zustand unterdrückter Angst gearbeitet habe.“

Dass sie einen Granatenangriff nur durch großen Zufall überlebte, hat sie so richtig erst im Nachhinein registriert. „Ich schlief im Hotel, als ich von einem anfliegenden Artilleriegeschoss geweckt wurde. Man lernt schnell, dieses pfeifende Geräusch zu erkennen. Aber es passierte nichts, ich ging wieder ins Bett. Erst am nächsten Morgen sah ich, was passiert war: Zwei Stockwerke tiefer hatte sich eine Granate, die offensichtlich fehlerhaft war, in die Wand gebohrt. Wäre sie explodiert, würde ich heute nicht hier sitzen.“ Sie ging durch viele brenzlige Situationen, und doch kam sie jedes Mal wieder heil nach Hause. Andere hatten weniger Glück. Immer wieder erlebte sie, wie KorrespondentInnen ums Leben kamen oder verletzt wurden, weil sie in ein Gefecht gerieten, weil sie auf eine Personenmine traten, weil an einem Checkpoint die Situation eskalierte. Und sie erlebte, wie JournalistInnen immer öfter selbst zum Ziel wurden, wie sie absichtlich und heimtückisch getötet wurden, um sie zum Schweigen zu bringen und ihre Mitstreiter einzuschüchtern. Wie sie gekidnappt wurden, um Geld zu erpressen oder sie verschwinden zu lassen. Es ist eine bittere Erkenntnis, die Christiane Amanpour vorträgt: „Mord ist die führende Todesursache von Journalisten.“ Es komme ihr so vor, „dass ich in den letzten zehn Jahren fast jeden Tag in einem Zustand unterdrückter Angst gearbeitet habe“. Sie spreche nicht oft darüber, aber man möge sich vorstellen, was es bedeute, sein ganzes Berufsleben in Angst zu verbringen.

„Angst davor, erschossen zu werden, entführt zu werden, vergewaltigt zu werden von irgendeinem Wahnsinnigen, der deine Story nicht mag, oder der dich dafür verantwortlich macht, dass die NATO in der Nähe Bomben wirft. Wir gehen mit dieser Angst um, ich gehe mit dieser Angst um, aber natürlich hat dies seinen Preis, allein wegen der Belastung. Und dann der Horror wegen der Dinge, die wir sehen. In Ruanda wurden nach dem Genozid ganze Haufen von Körpern auf den Bulldozer geladen und in Massengräber geworfen. Ich sah die toughesten Soldaten, die dies überwachen mussten – und sie weinten."

Sie fragt sich öffentlich: Warum mache ich das? Bin ich ein Kriegs-Junkie?

Und doch bleibt sie dran. Warum sie nach der Geburt ihres Sohnes weiter in die Kriege dieser Welt gezogen sei, wird auch die berühmte Reporterin, so wie viele ihrer Kolleginnen, eines Tages in einem Interview gefragt. Ihre Antwort ist schlicht und kompromisslos: „Die Bösen dürfen nicht gewinnen. Je mehr wir trotz der Gefahren rausgehen und den Scheinwerfer auf die Dinge halten, desto schwieriger ist es, Schweinereien und Verstöße im Dunkeln zu lassen." Es sind vielleicht auch Sätze wie diese, die Christiane Amanpour irgendwann den Ruf eintrugen, nicht immer neutral zu sein. Während ihres Bosnien-Einsatzes, so wurde ihr unterstellt, habe sie zu sehr auf der Seite der Moslems gestanden – ein Vorwurf, mit dem die Journalistin schon grundsätzlich wenig anzufangen weiß. Nein, sie sei wahrlich nicht neutral zwischen einem Opfer und einem Aggressor. „Mir ist klar, dass unser Job bedeutet, allen Seiten gleiches Gehör zu schenken, aber wenn es um einen Genozid geht, kannst du gerade nicht neutral sein. ... Nein, es gibt da keine Gleichwertigkeit und wir müssen die Wahrheit sagen."

Sie hat das Schlimmste gesehen, was Menschen anderen Menschen antun können. Doch irgendwie schafft sie es, Situationen wie diese zu erleben – und sie auch zu überleben. „Ich habe mich oft gefragt, warum ich das mache, warum wir das machen. Nach ein paar Sekunden habe ich dann die Antwort: Weil es das wert ist, weil es darauf ankommt, weil sich die Welt darum kümmern wird, wenn sie unsere Storys sieht. Denn wenn wir, die Geschichtenerzähler, es nicht tun, dann werden die schlechten Menschen gewinnen. Wir tun es, weil wir verpflichtet sind, weil wir daran glauben ... Ich habe lange und gründlich darüber nachgedacht, und ich habe mich selbst gefragt, warum ich es eigentlich immer noch mache. Möchte ich etwas beweisen? Bin ich ein Kriegs-Junkie? Warum machen einige von uns sowas? Es gibt natürlich eine Menge Gründe. Meistens ist es, wie schon gesagt, der Wunsch, ein wenig Gutes zu tun."

Wenn es um das Warum geht, um den Sinn und die Notwendigkeit einer Kriegsberichterstattung, dann ist Christiane Amanpour bei jeder Diskussion mit größtem Engagement dabei, auch hier lässt sie nicht nach. Nach Jahrzehnten im Beruf kämpft sie unverdrossen für das Ansehen des Journalismus, dem gelegentlich die Relevanz abgesprochen werden soll – berichten doch Zivilisten, Soldaten, Politiker auf ihre ganz eigene Weise aus den Kriegen unserer Zeit. Aber all die Blogger und Social-Media-User, so Amanpour, die mehr und mehr Aufmerksamkeit und auch Glaubwürdigkeit bekommen, seien bestenfalls Augenzeugen. „Wir sind auf dem Weg in ein Zeitalter des ‚social networking'. Das revolutioniert die Wege, wie Informationen geliefert werden, das ist sicher richtig. Aber genau das verlangt doch noch viel mehr nach einem Berufsstand professionell agierender Journalisten, die verpflichtet sind, ihre Quellen zu verifizieren, Fakten zu prüfen, Querverbindungen zu recherchieren und vor Ort selbst den Geschichten hinterherzugehen." Ohne ausgebildete Reporter mit einem Verhaltenskodex und Berufsethos werde man der Geschichte nicht gerecht. „Wer soll dann noch wissen, wo die Wahrheit liegt? Dann geht es doch nur noch darum, wer am lautesten schreien kann!"

Mit Preisen regelrecht überhäuft, in aller Welt vernetzt, zählt Christiane Amanpour nach vier Jahrzehnten im Job weiter zu den Top-JournalistInnen.

Christiane Amanpour berichtet am 20. Dezember 1998 über das Ende der US-Offensive „Desert Fox" unter Präsident Bill Clinton; mit ihrem Team des CNN sendet sie fünfzehn Stunden lang vom Dach eines Gebäudes in Iraks Hauptstadt Bagdad.

1998 heiratet sie James Rubin, Sprecher und Berater der damaligen US-Außenministerin Madeleine Albright. Gemeinsam haben sie einen Sohn. Rubins Schwester, Elizabeth Rubin, die vor allem für das *New York Times Magazine* unterwegs ist, berichtet ebenfalls von den Brennpunkten dieser Welt – auch sie geht dabei größte Risiken ein. Bereits im dritten Monat schwanger, ließ sie sich im Jahr 2007 gemeinsam mit der Fotografin Lynsey Addario nach Afghanistan einfliegen, um dort in den Bergen und unter Beschuss der Taliban über Monate hinweg zu recherchieren.

Mit der Politikerin Nancy Pelosi ist Christiane Amanpour ebenfalls eng verbunden, ein Bild von ihr und der Demokratin steht in ihrem Büro. Gemeinsam teilen sie ihren Kampf für Feminismus und die Chancen von Frauen in Politik und Journalismus. „Ich war sehr glücklich in meiner Karriere, als Frau in einer Männerwelt", sagt Amanpour. „Aber es gibt da draußen noch so viele Vorurteile in den ‚Old Boys Clubs'. Nancy Pelosi sagte mir, es habe 200 Jahre gebraucht, bis 17 Prozent der Abgeordneten im Kongress weiblich waren, in einem Land, dessen Bevölkerung zu 50,8 Prozent weiblich ist. Wenn es so weiter geht, brauchen wir nochmal 600 Jahre, bis der Kongress gleichwertig besetzt ist. Wir müssen sehr auf die Teilhabe von Frauen in Amerika und Europa achten, genauso wie in Afghanistan und Saudi-Arabien. Und – könnten wir dann bitte noch einen weiblichen Rundfunk- oder Fernsehchef in Amerika haben? Come on!"

Was sie ihrem Sohn später über ihren Beruf erzählen werde, hat man sie einmal gefragt. Ihre Antwort ist ein Ausdruck von Liebe und Loyalität zu ihrer Profession. „Ich werde ihm sagen, dass ich daran glaube. Und dass dies der Grund ist, warum ich es noch immer mache. Und ich glaube, dass guter Journalismus, gutes Fernsehen, die Welt zu einem besseren Platz machen kann."

„Ich war sehr glücklich in meiner Karriere, als Frau in einer Männerwelt. Aber es gibt da draußen noch so viele Vorurteile."

CHRISTIANE AMANPOUR

Ein Interview mit der
Fernsehjournalistin und ZDF-Reporterin

KATRIN EIGENDORF

„Meine Arbeit … ist eine Aufgabe, hinter der ich voll und ganz stehe.“

Sie war in Tschetschenien, in Afghanistan, in der Ukraine. Mit markanter Stimme berichtet Katrin Eigendorf, die bekannteste deutsche Kriegsreporterin unserer Tage, von Kämpfern und Politik, vor allem aber von den Frauen, Kindern, Männern in Kriegsgebieten, den unschuldigen und dennoch am schwersten getroffenen Opfern dieser Auseinandersetzungen. Geschätzt für ihre ebenso unaufgeregten wie mitfühlenden Reportagen für das ZDF, wurde sie mehrfach ausgezeichnet, so auch mit dem renommierten Grimme-Preis. Seit Jahrzehnten im Beruf hat sie ihren eigenen Blick auf Kriege, auf die Menschen dort, auch auf das Gute und Bewundernswürdige. Rita Kohlmaier sprach im Sommer 2022 mit Katrin Eigendorf über Gefahren, Grenzgänger und Geschichten, die es wert sind, erzählt zu werden.

Wenn Sie jemanden kennenlernen und sich herausstellt, Sie sind als Krisen-, Kriegsreporterin unterwegs: Was ist die erste Reaktion?

„Ist das nicht gefährlich?" – Das ist in der Regel die erste Frage. Andererseits stelle ich mich selten als Kriegsreporterin vor. Ich sehe mich als internationale Reporterin, nicht unbedingt explizit als Kriegsreporterin. Aber bei Menschen, die nicht aus meinem Bereich kommen, ist es in der Tat die erste Assoziation: die Gefahr.

Und wie ist Ihre Antwort?

Natürlich ist es gefährlich. Aber es ist eine Gefahr, die man mit Erfahrung, Vorbereitung und Professionalität berechenbar machen kann. Die Umstände, unter denen wir unsere Arbeit machen, wirken von außen unberechenbar. Aber man kann auch in einem Krieg Situationen analysieren und bewerten und daraus Schlüsse für das eigene Verhalten ziehen. Wenn man beispielsweise das bedrohliche Donnern von Artillerie hört – checken, wo kommt das her, wie weit ist es weg? Dann entscheiden, kann ich bleiben oder könnte ich beschossen werden? Wenn man solchen Regeln folgt, ist die Gefahr kalkulierbarer.

Katrin Eigendorf, geboren 1962, studierte Geschichte und Journalistik in Dortmund und Paris. Sie arbeitete als Redakteurin im ARD-Studio Paris, von 1993 bis 1996 als Korrespondentin für RTL in Moskau. 1999 wechselte sie zum ZDF, zunächst als Reporterin in der Redaktion Außenpolitik. Von 2015 bis 2018 war sie Korrespondentin im ZDF-Studio in Moskau und berichtete unter anderem über Tschetschenien, die Ukraine und Afghanistan. Seit Mai 2018 ist Katrin Eigendorf im Reporterpool der ZDF-Hauptredaktion Aktuelles mit Schwerpunkten in Afghanistan, der Ukraine, Russland, Libanon, Irak und Türkei. Bis zur Machtübernahme der Taliban war sie 2021 in Afghanistan. Seit dem Einmarsch Russlands in die Ukraine berichtet sie von dort. 2022 erschien ihr Buch „Putins Krieg – Wie die Menschen in der Ukraine für unsere Freiheit kämpfen".

Täuscht der Eindruck oder werden Journalisten immer öfter auch ganz gezielt attackiert?
Information ist eine wichtige Waffe in Kriegen und mit der Entwicklung von Informationstechnologie hat sie an Bedeutung gewonnen, das erlebten wir bereits 2014 beim Angriff Russlands auf die Ukraine und jetzt auch. Für Russland sind Journalisten Kriegsteilnehmer, keine neutralen Berichterstatter. Um auf den Ukrainekrieg zu kommen: Ja, Russland macht ganz gezielt den Versuch, Journalisten einzuschüchtern, zu diskreditieren und zu bedrohen. Man muss sich sehr genau überlegen, ob man sich das Schild „Presse" ins Auto hängt. Es könnte nämlich bedeuten, dass man damit zum Ziel wird.

Sie haben Journalistik studiert. Welche berufliche Zukunft hatten Sie für sich geplant?
Ich wollte definitiv nie nationale Reporterin, Wirtschaftsreporterin, Lokalreporterin werden. Ich wollte immer raus, weg aus Deutschland. Das erste Land, in dem ich gearbeitet habe, war Frankreich. Dass es im Laufe der Jahre ‚Krisenreporting' geworden ist, war aber nicht mein erklärtes Ziel. Es liegt wohl eher daran, dass die Welt heute aus so vielen Krisengebieten besteht.

Wenn Sie sich, Ihre Kolleginnen und Kollegen vergleichen – würden Sie sagen, Frauen berichten anders als Männer? Gibt es die weibliche Sichtweise?
Jede Berichterstattung ist geprägt von einem subjektiven, individuellen Blick, den wir alle haben. Es ist die Frage, woher wir kommen, welche Erfahrungen wir gemacht haben, was unsere Lebenssituation ist, die in unsere Arbeit natürlich einfließt. Das hat meiner Meinung nach etwas Positives. Jeder gute Reporter hat so etwas wie seine eigene Handschrift. Aber an einen typisch weiblichen Blick glaube ich nicht, nein.

Ob im Fernsehen oder in der Presse, es sind inzwischen auch immer mehr Frauen als Kriegsberichterstatter unterwegs. Was ist Ihre Erfahrung – werden Sie gleichberechtigt wahrgenommen?
Das kommt ganz auf die Länder an, in denen man arbeitet. Die Ukraine ist zum Beispiel ein Land, in dem man es als Berichterstatterin manchmal, vor allem im Umgang mit Vertretern der politischen Elite, nicht einfach hat. Mir ist in der Ukraine schon sehr viel Machismo begegnet, dass man Frauen nicht auf Augenhöhe sieht. In Afghanistan dagegen sind wir Journalistinnen in den Augen der radikalen Islamisten eine Art drittes Geschlecht, sie verlangen zwar, dass wir uns verschleiern, schauen mir auch oft nicht in die Augen, aber sie sehen mich in mei-

Bericht aus dem Krieg: Seit Beginn des Ukraine-Krieges Ende Februar 2022 ist das Land Katrin Eigendorfs ständiger Einsatzort.

ner Funktion, und so respektieren sie mich meistens. Es gibt auch Situationen, wo weibliche Journalisten einen Vorteil haben. Beispielsweise in Konfliktsituationen, wo einen die Menschen als weniger bedrohlich wahrnehmen. Gelegentlich bekommen Journalistinnen auch leichter Zugang, vor allem in sehr konservativen Gesellschaften. In Afghanistan wird ein fremder Mann nicht mit einer sehr konservativen Frau reden können. Weil ihr Mann das nicht zulässt. Und die Frau wahrscheinlich auch nicht. Und dann tut man sich als Frau mit bestimmten Themen leichter. Vergewaltigung im Kriegsgeschehen zum Beispiel – der Zugang zu Opfern, die ja auch verstanden werden möchten, ist einfacher für eine Frau.

Erleben Sie Geschichten, die Sie anschließend nicht mehr loslassen?
Die gibt es immer. Zuletzt in der Ukraine – die Geschehnisse in Butscha und Irpin, das sind Begegnungen und Erlebnisse, die mich Wochen später noch beschäftigen. Mit den Leuten dort zu reden und zu sehen, was man ihnen angetan hat ... Aber da sind auch die älteren Geschichten. Vor 20 Jahren habe ich in Russland heimlich ein Krankenhaus besucht, wo verletzte Soldaten, die in Tschetschenien gekämpft hatten, untergebracht waren. Ich kam in ein Zimmer, da lagen 30 junge Männer, die alle keine Beine oder Füße mehr hatten. Wenn man so etwas sieht, bekommt der Begriff ‚Kanonenfutter' eine sehr konkrete Bedeutung.

Sie waren 18, 19, 20 Jahre alt. Und man hat ihnen nicht einmal vernünftige Prothesen gegeben, wenn sie aus dem Krankenhaus entlassen wurden. Das ist ein Erlebnis, das mir sehr nachgeht. Oder der Umgang innerhalb der russischen Armee mit jungen Rekruten. Das Prinzip der Dedowschtschina, was bedeutet, dass die Älteren über die Jüngeren herrschen dürfen. Ich habe junge Soldaten gesehen, die wurden schlichtweg gefoltert. Wer neu in die Armee kommt, muss genau das tun, was die Älteren wollen, und wenn man Pech hat, bekommt man es eben mit Sadisten zu tun. Ich hatte einen jungen Rekruten kennengelernt, den hatten sie für sehr lange Zeit bei eisiger Kälte in einem feuchten Keller in eine Zelle eingesperrt. Später ist sein Fuß abgestorben und musste amputiert werden. Solche Geschichten erklären ein wenig, warum die russischen Soldaten in der Ukraine so agieren. Es ist ein menschenverachtendes System.

Sie haben viele Jahre in Moskau gelebt, berichten jetzt aus dem Krieg in der Ukraine. Haben Sie einen anderen oder zusätzlichen Blick auf das, was Russland in diesem Krieg macht?

Ja. Was ich in der Ukraine sehe und erlebe, das kann ich mir teilweise vor dem Hintergrund dessen, was ich von Russland weiß und was ich von dort mitgenommen habe, besser erklären. Wenn mir Menschen in Butscha oder Irpin erzählen, was russische Soldaten dort angerichtet haben, ja – das ist die russische Armee. Das habe ich auch in Tschetschenien schon erlebt. Nur hat damals keiner über die Details berichtet. Aber dort sind die gleichen Dinge passiert. Dass Menschen auf offener Straße erschossen wurden. Dass Frauen vor ihren Angehörigen vergewaltigt wurden. Dass marodiert wurde. Das alles passt in das Bild, das ich durch meine Erfahrung habe.

Mit wem haben Sie es in Ihren Geschichten, in Ihren Reportagen am liebsten zu tun?

Am spannendsten sind Menschen, die ich ‚Grenzgänger' nennen würde. Die Dinge infrage stellen, die die Masse nicht infrage stellt. Die über den Horizont hinaus blicken. Wie Zarifa Ghafari, eine Bürgermeisterin aus Afghanistan, eine außergewöhnliche Frau, über die ich mehrere Porträts gemacht habe, und die sich offen gegen die Taliban und Warlords stellt – unbewaffnet. Oder wie der russische Bürgerrechtler Alexej Nawalny – Menschen, die mit ihrem ganzen Leben für ihre Haltung einstehen. Nelson Mandela, der Dalai Lama. Wobei nicht jeder Nelson Mandela sein kann, das ist klar. Politiker-Geschichten sind eher langweilig, denn Politiker sind selten faszinierende Menschen, ehrlich gestanden. Der ukrainische Präsident Wolodymyr Selenskyj, auch die Klitschko-Brüder sind da anders. Mit ihnen zu sprechen hat mich sehr interessiert.

Welche Art von Geschichten sind Ihnen die wichtigsten?
Die Reportage. Dabei sein, wenn etwas passiert. Versuchen, dem Zuschauer das Gefühl zu geben, möglichst nah dran zu sein.

Wenn Sie von einem Einsatz wieder nach Hause kommen – fällt es Ihnen schwer, ins „normale" Leben zu wechseln?
Es kommt darauf an, was ich erlebt habe. Als ich das erste Mal wieder aus der Ukraine zurückgekehrt bin, brauchte ich schon eine gewisse Zeit, wieder anzukommen.

Und was hilft Ihnen dabei?
Familie, Freunde, Sport, mein Hund. Und die Anforderungen meines Privatlebens, das ja immer eine Weile auf Eis liegt, ziehen einen schnell wieder in den Alltag zurück.

Sprechen Sie privat über Ihre Erlebnisse? Oder machen Sie das mit sich selbst aus?
Nein, ich spreche jeden Tag mit meinem Mann. Auch wenn ich unterwegs bin, telefonieren wir und ich rede darüber, was ich erlebe. Er ist selbst Journalist, er kann es also alles nachvollziehen.

Es gibt immer wieder Storys über Kriegsreporter, über zu viel Alkohol, Drogen, psychische Erkrankungen. Ist das tatsächlich ein Problem? Oder die Ausnahme?
Um mich herum sehe ich das nicht. Das können Sie sich heute als Kriegs- und Krisenberichterstatter auch gar nicht mehr erlauben. Ich muss schon ein wenig wie ein Hochleistungssportler leben, zusehen, dass ich meinen Schlaf kriege, auf meine körperliche Fitness achten. Wir können uns ja nicht ins Hotel setzen und unsere Teams losschicken. Wir sind immer dabei. Wer nicht fit ist, der kann so einen Job nicht über Wochen hinweg durchhalten.

Das Bild von Kriegen wird immer mehr auch von Bloggern und durch die Sozialen Medien bestimmt. Hat sich das Berufsbild geändert, hat der klassische Journalismus hier irgendwann ausgedient?
Wir sehen es gerade in der Ukraine: Das ist wohl der am besten dokumentierte Krieg in der Geschichte. Aber gerade deswegen braucht es ausgebildete Journalisten, genau das macht es erforderlich, dass man als professioneller Beobachter vor Ort ist. Das unterscheidet uns von den Bürgerreportern, die ihre Erlebnisse, ihre Eindrücke weitergeben. Natürlich profitieren wir auch von den einheimischen Bloggern. Weil sie uns Material liefern, das uns auf Ideen bringt, das uns

Eindrücke von Orten verschafft, zu denen wir selbst vielleicht keinen Zugang haben. Aber nichtsdestotrotz bleibt Journalismus ein Beruf, der bestimmten Prinzipien verpflichtet ist, wo man entsprechendem Handwerkszeug verpflichtet bleiben muss, um das zu machen, was unser Job ist: unabhängig zu informieren, auch über Sachverhalte und Zusammenhänge zu recherchieren.

Normalerweise arbeiten Sie fürs Fernsehen, nun haben Sie ein Buch, „Putins Krieg – Wie die Menschen in der Ukraine für unsere Freiheit kämpfen", geschrieben. Wenn Sie vergleichen, auf welche Art lässt sich am angemessensten über Krieg berichten?
Es ist die Frage, was jemand erwartet. Wenn jemand mehr von dem verstehen möchte, was da passiert, ist sicherlich ein Buch die angemessenere Form. Das Fernsehen hat andere, große Vorteile, weil es sehr schnell reagieren kann, weil man durch das Bild andere Eindrücke vermitteln kann. Ein Buch erfordert mehr Durchdenken, mehr Hintergrund, als es eine normale Fernsehreportage schaffen kann. Aber natürlich möchten Menschen in wichtigen Fragen auch täglich und auch mal ganz kurz informiert werden.

Haben Sie die Erwartung oder die Hoffnung, mit Ihrer Arbeit etwas verändern, verbessern zu können?
Ich glaube, von einem solchen Gedanken muss man sich verabschieden. Natürlich hat man, wenn man in einen Krieg hineingeht, den Wunsch, dass sich die Situation verbessert, einfach weil man Mensch ist. Aber der Antrieb meiner Arbeit ist nicht, dass ich versuche, als Aktivist zu agieren. Oder etwas zusammenzutragen, um zu bewirken, dass daraus politisches Handeln erfolgt. Für mich ist die wichtigste Leitlinie, dass ich zeige, was da passiert. Und das so authentisch wie möglich, so faktenbasiert wie möglich. Lösen kann ich die Probleme nicht, das müssen andere tun. Ich kann aber die dafür nötigen Informationen zusammentragen. Dass Menschen sich ein Bild machen können. Weil: Ohne Informationen keine politischen Entscheidungen. Und ohne politische Entscheidungen kein Handeln.

Nach all den Jahren in Kriegsgebieten haben Sie viel über den Menschen gelernt – hat sich Ihre Haltung gegenüber Menschen dadurch geändert?
Das Besondere an Menschen ist, dass sie nicht auf etwas festgelegt sind, dass sie sich gut oder schlecht entwickeln können, dass sie Gutes und Schlechtes in sich nähren können. Dass man Gutes und Schlechtes in ihnen nähren kann. Doch insgesamt habe ich ein relativ positives Menschenbild. Auch das, was ich sehe und erlebe, kann mir dieses Bild nicht nehmen. Wobei mir natürlich klar ist, dass

bestimmte Traumata und Wunden über Generationen weitergereicht werden. Das, was wir in einem Land wie Afghanistan erleben, ist die Traumatisierung einer ganzen Bevölkerung. Und die ist so schnell nicht zu heilen.

Sie sind nicht desillusioniert von dem, was Sie sehen und erleben mussten?
Im Gegenteil. Oft bin ich positiv überrascht davon, wie Menschen mit bestimmten Situationen umgehen. Wie stark und menschlich sie sich verhalten. Das macht ja das Besondere solcher Kriegs- und Krisensituationen aus. Vor Kurzem habe ich in einer Dokumentation über eine junge ukrainische Deutschlehrerin berichtet, die auf der Flucht beschossen wurde, ihr Mann und ihr ungeborenes Baby kamen ums Leben, sie selbst wurde sehr schwer verletzt. Jetzt kämpft sie sich zurück in ihr Leben, auf eine wirklich bewundernswerte Art. Und sie sagt: Man darf nicht hassen.

Und hatten Sie schon mal das Gefühl: Nun ist es genug! Ich gehe in keine Kriege mehr!
Nein. Ich brauche zwischendurch mal eine Pause, eine Auszeit, um Kraft zu tanken, körperlich und seelisch. Aber meine Arbeit ist für mich wirklich sinnstiftend. Es ist eine Aufgabe, hinter der ich voll und ganz stehe.

„Wenn man nach dem tieferen Sinn eines Lebens als Reporter sucht, so habe ich meinen gefunden. Für mich liegt er darin, dass ich über die Leiden anderer Menschen informiere."

CATHERINE JENTILE

CATHERINE JENTILE

Wir spüren, dass wir hier vielleicht nützlich sein können

In keinem anderen Beruf lebt man so nah am Puls dieses Planeten und an den Hauptakteuren dieses Jahrhunderts. Wir können nicht mehr leben, ohne diese Rolle des Zeugen auszufüllen. Darin liegt für uns der Sinn unserer Existenz, unsere Mission, auch wenn wir noch so oft darunter leiden, dass wir den Lauf der Dinge nicht ändern können. Wenn wir uns im Krisengebiet befinden, haben wir das Gefühl, dass wir voll und ganz leben. Wir spüren, dass wir hier vielleicht nützlich sein können. Jedenfalls sind wir befreit von den Banalitäten und den Fesseln des Alltags. Manchmal ist es wie eine mystische Suche.

Während der fünfzehn Jahre, die ich als Kriegsberichterstatterin tätig bin, habe ich noch kein einziges Mal einen Namen aus meinem elektronischen Notizbuch gelöscht. Keinen Namen, keine Adresse, keine Telefonnummer, von jemandem, den ich gekannt habe und der gestorben war. Meist war es ein gewaltsamer Tod. Vielleicht eine etwas naive Treue gegenüber Menschen, die ich nicht aufgeben will, auch wenn sie nicht mehr auf dieser Welt leben, sondern irgendwo über den Wolken. Eine Gedächtnisstütze, um die Erinnerung an Freunde und ihr Anliegen wach zu halten.

Wenn man nach dem tieferen Sinn eines Lebens als Reporter sucht, so habe ich meinen gefunden. Für mich liegt er darin, dass ich über die Leiden anderer Menschen informiere, Mikrofon und Kamera auf Elend und Bedrängnis richte, auf der Lauer bin, nach Bildern, die den Peinigern schaden könnten, indem die Öffentlichkeit von ihren Schandtaten erfährt. Dank der Technik kann an einigen Abenden eine ferne, unbekannte und Angst einflößende Welt durch eine kleine Luke zu einem menschlichen Gesicht vordringen. Ich habe mich zum Sprachrohr gemacht, mit meinen Videokassetten und Direktübertragungen über Menschen, die sonst nie zu Wort kommen.

Aus: Catherine Jentile: „Mein Beruf, der Krieg", 2002.

Catherine Jentile, geboren 1961, berichtet seit 1985 als „Grand Reporter" für den französischen Fernsehsender TF 1. Die Spezialistin für den Nahen und Mittleren Osten ist die Tochter eines Kriegsfotografen und einer Ärztin, die sich bei „Ärzte ohne Grenzen" in Krisengebieten engagiert. Für ihre Undercover-Reportage über das Leben der Palästinenser im Gaza-Streifen wurde Jentile mit dem Prix Albert-Londres ausgezeichnet. Zwischen ihren Missionen lebt sie in Paris.

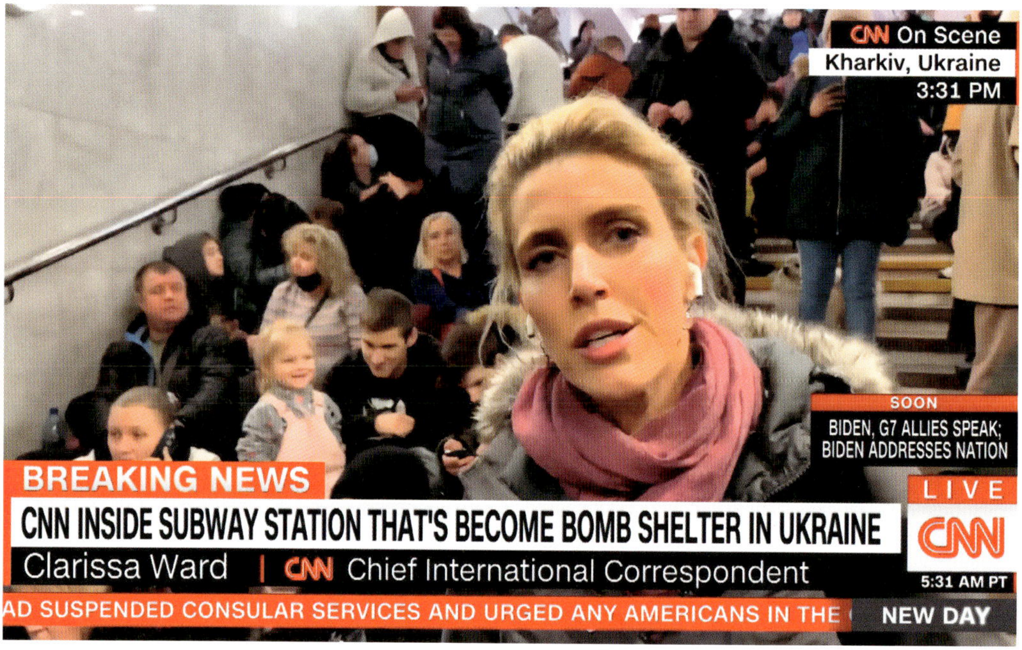

CLARISSA WARD

„Wenn man diese Arbeit macht,
sieht man das Schlimmste der Menschheit,
aber auch das Beste."

Clarissa Ward, geboren 1980, arbeitet als Chef-Auslandskorrespondentin für den US-Nachrichtensender CNN, sie hat die wichtigsten Journalistenpreise und einen Ehrendoktor erhalten. Über ihren Lebensweg, ihre Erfolge und auch über ihre Depression nach dem Einsatz in Syrien schrieb sie das Buch „On all Fronts". Wenn sie nicht unterwegs ist, lebt sie mit ihrem Ehemann und den zwei kleinen Söhnen in London.

Ganz sicher gibt es nicht viele Journalistinnen auf der Welt, deren eigenes Schicksal eine Schlagzeile wert ist. Doch als Clarissa Ward im August 2021 mit einer der letzten Militärmaschinen aus dem Kriegsgebiet ausfliegt, geht dies als Nachricht um die Welt: „Clarissa Ward hat Afghanistan verlassen." „CNN-Reporterin aus Kabul evakuiert." Sie ist eine der Wenigen, die noch aus dem Land, das die Taliban nun wieder unter ihre Herrschaft gezwungen haben, berichtet hat. Und sie ist womöglich die Einzige, die den bärtigen Männern mit den Kalaschnikows auf der Straße in den Weg trat und beharrlich unbequeme Fragen stellte: „Wie wollen Sie Frauen schützen? Viele haben Angst, dass sie nicht mehr zur Schule oder zur Arbeit gehen dürfen." Auch wenn die neuen selbsternannten Anführer sie mit dürftigen Antworten abspeisen und von oben herab belehren, so war sie damit doch eine der letzten Stimmen aus der demokratischen Welt, die – für alle hörbar – den Taliban die Stirn bot und für die Frauen, die nun ihre Rechte verloren, eintrat.

Es war kurz nach dem 11. September 2001, als Clarissa Ward entschied, Journalistin zu werden. In Yale, wo sie Literatur studierte, hatte die damals 21-Jährige die entsetzlichen Bilder und Filme gesehen, wie die Türme des World Trade Center von zwei Flugzeugen zum Einsturz gebracht wurden, wie Menschen aus den Wolkenkratzern in den Tod sprangen, wie New York die größte Katastrophe seiner Geschichte erlebte. Doch was waren die Hintergründe, wer waren die Attentäter, was ihre Motive? Wie alle Welt tief geschockt von dem Terroranschlag, musste sich die Studentin eingestehen, dass sie im Grunde wenig von dem verstand, was außerhalb ihres eigenen Kosmos' vor sich ging. Doch das sollte nicht so bleiben: „Während tausende Amerikaner sich nach 9/11 zum Militärdienst meldeten, wollten andere mehr über die Welt, die sich über Nacht geändert hatte, herausfinden." Ihr Weg, dies zu tun, das hatte sie schnell beschlossen, sollte der Weg in den Journalismus sein. Etwas desillusioniert vom Studium mit den vielen einsamen Nächten über Hausarbeiten, schwebt der jungen Frau eine Karriere beim Fernsehen vor, in der Hoffnung auf gleichgesinnte Teams und gemeinschaftliches Arbeiten. Dass es im Jahr darauf tatsächlich klappte, war dann reiner Zufall. Der Zahnarzt ihrer Mutter in Palm Beach behandelte auch den Leiter des Moskauer CNN-Büros, was am Ende mehr wert ist als eine Flut von Bewerbungen bei allen möglichen Redaktionen um ein Praktikum. Nach einem

Sommer in Peking, wo sie im Ferienjob am Set von Quentin Tarantinos Film „Kill Bill“ das Double für Uma Thurman bei Beleuchtungs- und Kameraproben gibt, startet sie im Herbst in Russland ihre Hospitanz. „Ich tat, was immer ich tun konnte, um hilfreich zu sein – Tee holen, die letzten News ausdrucken, in Atlanta, der CNN-Zentrale anrufen, um Live-Berichte zu koordinieren.“ Auch wenn ihre Aufgaben nicht besonders anspruchsvoll sind – als sie aus Moskau zurückkehrt, ist eins sicher: „Das war es, was ich mit meinem Leben anfangen wollte.“ Von da an meldet sie sich für jeden Auftrag, der sie weiter- und womöglich wieder ins Ausland bringt. Meist sind es Arbeiten, die sonst keiner übernehmen will.

Zum Beispiel ein Assistentenjob am „Overnight Desk“ bei Fox News, mit einer Arbeitszeit von Mitternacht bis neun Uhr morgens. Zwar in New York angesiedelt, aber mit einem ständigen direkten Draht in den Irak und für sie daher „Route One to Bagdad“, wie Clarissa Ward in ihrer Autobiografie „On all Fronts“ erzählt. Die Stadt, in der soeben Diktator Saddam Hussein gestürzt wurde, ist im Jahr 2003 der Hotspot für politischen Journalismus. „Es gab keine aufregendere Geschichte auf der Welt.“ Und tatsächlich, die Strategie lohnt sich: Als es heißt, sie müsse wegen einer personellen Rotation eventuell für den Sommer nach Bagdad wechseln, ist die junge Assistentin begeistert, selbst als sie mitbekommt, dass außer ihr kaum noch jemand dorthin wollte: zu unsicher und im Sommer unerträglich heiß. Dass die Newcomerin bisher fast ausschließlich am Schreibtisch gearbeitet hat und noch niemals in einem Kriegsgebiet war, irritiert weder sie noch ihren Arbeitgeber.

Es ist die Mutter, die ihr großes Talent erkennt: „Du solltest vor der Kamera sein!“

Auch wenn sie als Producer eingesetzt ist, also im Hintergrund Reportern, Kameraleuten und der Zentrale zuarbeitet, ist der Job gefährlich, in dem umkämpften Land gibt es keine Sicherheit. Was auch Clarissa Ward merken wird, als gegen Ende ihres Aufenthalts vor dem Hotel, in dem die Crew untergebracht ist, eine Autobombe explodiert. Ganz die abgebrühte Reporterin, stürmt sie trotz der Gefahr sofort nach draußen, eine kleine Kamera in der Hand, filmt den Krater und die Zerstörung. Aber so ganz ist sie der Situation dann doch nicht gewachsen. Stunden später liegt sie weinend in den Armen eines Kollegen.

Es war ihre Mutter, die sie irgendwann auf die Idee brachte, ihr Platz könnte prominenter sein. „Ich bin glücklich, Producer zu sein“, habe sie ihrer Mum eines Tages gesagt, doch die habe nur zurückgegeben: „Bist du nicht! Du solltest vor der Kamera sein!“ Sie ist 26 Jahre alt, als ihr der Boss dann plötzlich dieses Angebot macht: On-Air-Reporting, und zwar in Bagdad. Das war 2006, und es bleibt nicht bei dem einen Einsatz. Von nun an wird Clarissa Ward immer dort zu finden sein, wo Weltpolitik passiert: Irak, China, Libanon, Gaza, Myanmar, Afghanistan.

Dazu zwischendurch Sondereinsätze, wie die Berichterstattung nach dem Terroranschlag im Bataclan-Theater in Paris 2014 oder im Jahr 2020 der Fall Alexej Nawalny um den russischen Bürgerrechtler, der nur knapp einen Giftanschlag überlebte. Mit ihrem Team stellt sie einen der mutmaßlichen Attentäter an dessen Wohnungstür in Moskau, was für reichlich Aufsehen sorgt. Sie selbst nennt es einen „dieser raren und spannenden Momente als internationaler Korrespondent, wenn man es schafft, jemanden in einer Machtposition mit seiner Unrechtstat zu konfrontieren". Von Fox-News war sie bald zu ABC gewechselt, von dort zu CBS und schließlich zu CNN, dem größten Fernsehsender Amerikas und in aller Welt präsent. Seit Juli 2018 ist sie dort Chef-Auslandskorrespondentin, Nachfolgerin von Christiane Amanpour.

„Sie ist keine Journalistin, sie ist sehr viel mehr als das. Sie ist das, wofür Menschlichkeit steht, was Empathie bedeutet."

Anfang März 2022, 16 Jahre nach ihrem Kameradebüt, steht Clarissa Ward inmitten von Schutt und Trümmern in der Nähe von Kiew: Groß, schlank, blond, eine Art Grace-Kelly-Schönheit in Schutzweste und mit Militärhelm auf dem Kopf, berichtet sie von der zerstörten Brücke bei Irpin. Über den zerklüfteten Beton und einige Bretter, welche die Brüche in der Straße notdürftig ausgleichen sollen, bahnt sich ein Strom von Menschen den Weg Richtung Kiew, den Weg in die erhoffte Sicherheit. Nicht allzu weit entfernt ist in kurzen Abständen Geschützfeuer zu hören. Für ein weltweites Millionenpublikum fasst die Reporterin mit ruhiger Stimme ihre Eindrücke zusammen, spricht von dem siebentägigen Bombardement, das die Menschen hinter sich haben, von der ungewissen Zukunft, die vor ihnen liegt. Man könne nicht abschätzen, wie lange der Fluchtkorridor noch einigermaßen sicher sei, sagt sie. Es ist der Tag, bevor das russische Militär genau hier mit Granaten gezielt in die Menge feuern wird, was vier Menschen das Leben kostet und von der Fotografin Lynsey Addario in all seiner Grausamkeit dokumentiert wird.

Doch an diesem 5. März hält die CNN-Reporterin die Stellung, berichtet live ins Studio der US-Morgensendung. Hinter ihr stolpern die Flüchtenden, viele von ihnen alte Frauen und Männer, mit ihren wenigen Habseligkeiten, die sie retten konnten, über das Geröll und durch den Matsch. Ukrainische Soldaten sind behilflich, tragen Koffer und Plastiktüten, nehmen Kinder und kleine Hunde auf den Arm, geleiten die Menschen über die schwierigsten Stellen, Clarissa Ward hält sich ein wenig abseits, die Kamera nimmt das deprimierende Geschehen ohne Unterbrechung auf. Und dann, völlig unerwartet, nähert sich ein alter Mann, nur eine winzig kleine Tasche bei sich, bleibt schwer atmend neben Clarissa Ward stehen, als suche er Schutz. Und sie? Nimmt seine Hand in beide Hände, begrüßt ihn sachte in seiner Sprache und begleitet ihn ein Stück des Wegs, bis andere Helfer ihn in Empfang nehmen. Es ist wohl die Ruhe, die sie ausstrahlt, denn nur Sekunden später wendet sich eine alte Frau, fassungslos, erschöpft, weinend, an sie. Auch auf sie redet Clarissa Ward beruhigend ein. Dann bückt sie sich, sagt Richtung Morning-Show: „Ich muss jetzt hier mal mit dem Gepäck helfen" und dreht der Kamera den Rücken zu. Langsam entschwindet sie mit der Frau an ihrer Seite, streichelt ihr unablässig wie zur Stärkung den Rücken, bleibt eng bei ihr, bis wieder ein anderer Helfer zur Stelle ist. Als sie zur Kamera zurückkehrt und sich wieder ihrer Live-Übertragung zuwendet, wirkt auf einmal auch die Reporterin wie ausgelaugt. „Das ist Krieg. Das ist die Realität. Es mag sich wie ein Klischee anhören, aber wir sehen hier Menschen, die einfach nur ihr normales Leben leben wollten." Mit einem langen Blick auf den Exodus, der kein Ende nimmt, sagt sie dann: „Die meisten von ihnen wissen nicht einmal, wohin sie gehen sollen. Sie wissen, dass sie nun relativ sicher sind, aber sie haben keine Idee, wohin sie gehen sollen, keine Idee, wo sie heute Nacht schlafen sollen."

Sie hat eine ganze Reihe von Journalistenpreisen verliehen bekommen, doch in den Sozialen Medien feiert das Publikum Clarissa Ward für Momente wie diesen. Ein Ausschnitt ihres Berichts von der Brücke in Irpin wird millionenfach aufgerufen und viele tausend Male kommentiert. Voller Respekt und Bewunderung, wie ein junger Mann schreibt: „Sie ist keine Journalistin, sie ist sehr viel mehr als das. Sie ist das, wofür Menschlichkeit steht, was Empathie bedeutet ... Sie ist ein Juwel."

Syrien ist das Land, dem ihre Liebe gehört – und an dem sie lange Zeit verzweifeln wird

Ob sie furchtlos sei, wird Clarissa Ward gelegentlich gefragt. Ach nein, wehrt sie ab, sie zucke ja immer noch bei jedem Gewehrschuss zusammen. Was die Frage nicht ganz beantwortet, denn tief in ihr drin kennt sie wohl tatsächlich keine allzu große Furcht, dafür offenbar eine gehörige Portion Zuversicht. Oder wie wären sonst Episoden zu verstehen wie die, als sie es wagt, mit einem Touristenvisum in das Bürgerkriegsland Syrien einzureisen. Das Regime unter Baschar al-Assad erteilt keine Journalistenvisa mehr, also gibt sie sich als Designerin aus, die in dem Land ein wenig nach Antiquitäten forschen wolle. Schon an der Grenze eine mehr als brenzlige Situation, doch sie kommt damit durch, und auch ihr Bericht aus Syrien, den sie selbst mit einem Camcorder filmt, macht Furore.

Schon bei ihrem ersten Aufenthalt im Jahr 2005 habe sie sich in Damaskus verliebt, schreibt sie in ihrer Autobiografie. Von da an wird sie immer wieder zurückkehren und über Jahre hinweg die Entwicklung der Region mit ihrer alten Kultur und ihren gewaltigen Problemen beobachten und über Krieg und Menschen berichten. Doch trotz oder vielleicht sogar wegen dieser Liebe wird Syrien auch das Land, an dem sie verzweifelt – das sie an Grenzen bringt, die sie nicht an sich kannte, das sie schließlich in eine Depression führt, die sie nur sehr schwer wieder überwinden kann. Es ist eine Zeit, über die sie viele Jahre später klare und ehrliche Worte findet.

„Die Ironie war, ich war nie erfolgreicher. Nach meinem ersten Solo-Trip nach Damaskus war mir der Peabody-Award verliehen worden, der wichtigste Preis für Fernsehnachrichten ... Ich sollte on ‚top of the world' sein. Doch zu Hause war ich total durcheinander. Ich war deprimiert und voller Ängste. Es war, als wäre ich in einen dicken Nebel eingetaucht, der sich nicht auflöste. Ich schaffte es kaum, mit dem Nötigsten fertig zu werden, und sogar das war eine übermenschliche Anstrengung. Ich wollte nicht mehr ich sein ... Syrien war der erste Konflikt, wo ich zu viel von mir gegeben hatte. Ich war zu sehr mit der Geschichte verbun-

Kabul im August 2021. Seit die neuen Führer die Macht in Afghanistan übernommen haben, trägt Clarissa Ward den Hidschab. Schließlich muss auch sie das Land verlassen.

den und wusste zugleich, dass die Qualität meiner Arbeit mit dieser engen Verbundenheit zusammenhing. Je mehr ich gab und je näher ich allem kam, umso besser war meine Arbeit. Und je besser meine Arbeit war, umso mehr fühlte ich das Gewicht der Verantwortung auf mir, wirklich etwas ‚für' Syrien zu tun. Vom Kopf her wusste ich, dass ich verdammt nochmal überhaupt nichts an der Situation ändern konnte, egal wie viele Risiken ich dafür eingehen würde. Und doch konnte ich dieses niederdrückende Gefühl nicht abschütteln, dass ich scheiterte, dass ich nicht genug tat, dass ich die Leute im Stich lasse. Das alles lag die ganze Zeit wie eine Zentnerlast auf meiner Brust. Ich wusste, dass ich unbedingt eine gewisse Distanz zu der Geschichte brauchte, aber ich war von Schuldgefühlen gepeinigt beim Gedanken wegzugehen."

„Ich habe ein unglaublich schlechtes Gewissen,
wenn ich mich amüsiere,
wenn ich doch gleichzeitig weiß,
was in der Welt geschieht."

Neben ihrer Berichterstattung unternimmt sie eine Menge, um etwas für die Menschen in Syrien zu erreichen. So hält sie im Sommer 2016 vor den Vereinten Nationen eine Rede, versucht, dem Schrecken und dem Horror, der über dem Land liegt, ein Gesicht zu geben und den Verzweifelten dort eine Stimme. „Es war die Hölle", sagt sie über den Krieg. Sie spricht von den vielen Kollegen, die sie dort verlor. So wie Ayman, ihren Fahrer, der bei einem russischen Luftangriff getötet wurde, als er gerade einen Freund im Krankenhaus besuchte. Clarissa Wards bitteres Fazit: „Ich bin seit 12 Jahren in Kriegen unterwegs, doch etwas wie Syrien habe ich niemals zuvor erlebt." In einem Interview mit Russlands Außenminister Sergej Lawrow will sie ihm Dokumente vorhalten, die beweisen, wie sein Land die syrische Armee ausstattet, doch er sieht sie nicht an, spricht unentwegt, ohne Pause. Als das Interview vorüber ist, blickt er ihr zum ersten Mal in die Augen und sagt den verächtlichen Satz: „Sie klangen etwas pathetisch." Ende 2016, als dann die russischen Bomben auf Aleppo niederregnen, wie sie sagt, schreibt sie eine E-Mail an Ben Rhodes, Präsident Obamas Berater im Syrienkonflikt: „Lieber Ben, ich hoffe, Du schläfst gut, während Aleppo brennt. Gott sei Dank haben wir die Russen, die alles regeln." Er habe nie geantwortet.

Das alles kostet sie einen hohen Preis, im Jahr 2022 bekennt sie: „Der Krieg in Syrien hat sich dauerhaft in mein Nervensystem eingebrannt." Ihr privates Leben in London, wo sie mit ihrem Mann wohnt, sei ihr banal und sinnlos erschienen, und sie sei immer dünner geworden. „Ich war am Ende." Über ein Jahr lang geht sie in eine Therapie, der Therapeut war früher Journalist bei der BBC. Er versteht, und er ist ihr eine Hilfe. Dann, „im Laufe der Zeit lernte ich, sanft mit mir selbst zu sein". Und sie bemüht sich, das Positive weiterzugeben, in einem Vortrag betont sie: „Man braucht Pausen, man braucht Raum, man braucht ein normales Leben. Ich habe ein unglaublich schlechtes Gewissen, wenn ich mich amüsiere, wenn ich doch gleichzeitig weiß, was in der Welt geschieht. Aber man muss in der Lage sein, Freude ohne Schuldgefühle anzunehmen, das Privileg anzuerkennen, nicht in einer Konfliktzone zu leben, und Liebe, Freunde und Familie wertzuschätzen – was immer dir Freude macht."

Und dann ist da noch ihre Familie, Ehemann Philipp von Bernstorff, ein Fondsmanager aus Deutschland und die beiden Söhne. Wie so einige ihrer Kolleginnen hielt sie die erste Schwangerschaft 2018 lange geheim, von der Sorge geplagt, man könne sie als Mutter aussortieren und ihre Jobs an andere vergeben. Sie wollte unbedingt dabei bleiben, doch heute gehe sie weniger Risiken ein als früher, sagt sie in einem Interview. „Ich fahre nicht mehr direkt an die Front. Ich bin wirklich vorsichtig."

In ihrer Autobiografie zieht sie – vorläufig – Bilanz. Es ist eine bittere Erkenntnis nach fast zwei Jahrzehnten in den Konflikten dieser Welt, die sie so zusammenfasst: „In allen Kriegsgebieten und Frontlinien, wo ich war, wurde ich mit derselben glasklaren Realität konfrontiert: dass Feinde selten zum Aufgeben gebombt werden, dass erdrückende Gewalt ihre Prinzipien oft nur noch verhärtet, jedenfalls eher, als sie zu ändern, dass sogar, wenn eine Gruppe auseinandergebrochen oder zerstört wurde, damit die Saat gelegt wurde für eine neue Generation von Hass und Gewalt. Ich habe so viele Städte gesehen, die dem Erdboden gleichgemacht wurden, so viele Menschen, die getötet wurden, und doch hat sich dadurch so wenig wirklich geändert."

Trotzdem sie sagt auch immer noch: „Ich liebe meinen Beruf. Ich darf reisen und Augenzeugin von geschichtsträchtigen Momenten sein. Ich glaube grundsätzlich sowohl an das Gute als auch an das Böse. Wenn man diese Arbeit macht, sieht man das Schlimmste der Menschheit, aber auch das Beste."

„Die meisten Konflikte laufen unterhalb unseres Radarschirms der Aufmerksamkeit ab. Wir hören nichts von ihnen, wir wissen nicht einmal, dass es sie gibt."

ANTONIA RADOS

ANTONIA RADOS

Kriegsreporter oder Krisenreporterinnen können dem Krieg nicht das Wasser reichen

Wir sehen meiner Meinung nach nicht zu viel von Kriegen, eher ist das Gegenteil der Fall. Es ist eine empirische Tatsache, dass es mehr Kriege als Berichterstattung über Kriege gibt. Anders gesagt: Die meisten Konflikte laufen unterhalb unseres Radarschirms der Aufmerksamkeit ab. Wir hören nichts von ihnen, wir wissen nicht einmal, dass es sie gibt. Der Journalist geht in Länder und berichtet über Krisen und Kriege. Aber er ist nicht immer dort, wo es Krieg gibt, und wenn Sie sich die Statistiken von internationalen Friedens- und sonstigen Instituten anschauen, finden Sie folgende traurige Zahl: Es gibt zur Zeit siebzig bis achtzig Konflikte auf der Welt. Journalisten sind, wie wir wissen, nur in drei oder vier davon präsent, wobei wir immer hinterfragen können, warum die Journalisten denn alle nach Georgien fahren und nicht nach Darfur. Das sind Gesetzmäßigkeiten, über die wir später diskutieren können, aber Kriegsreporter oder Krisenreporterinnen können dem Krieg nicht das Wasser reichen. Sie sind einfach nicht überall, wo geschossen oder gestorben wird, obwohl wir manchmal den Eindruck haben, es ist zu viel, was wir sehen, hören und lesen, zu viel Krieg, zu viele Bomben und zu viel Töten. Kriegsreportagen stellen nur einen kleinen Teil der allgemeinen Konflikt-Wirklichkeit dar und können erwiesenermaßen den Krieg nicht abschaffen. Sonst hätten sie es vielleicht schon getan.

Aus Antonia Rados' Journalismus-Vorlesung am Institut für Publizistik- und Kommunikationswissenschaft der Universität Wien: „Was der Krisen- und Kriegsjournalismus kann und was er nicht kann", Januar 2009.

Antonia Rados, geboren 1953, ist eine der bekanntesten Auslands- und Kriegsjournalistinnen im deutschen Fernsehen. Die promovierte Politologin studierte in Paris und in Salzburg und begann 1978 ihre Karriere beim ORF. Später wechselte sie zum WDR, 1993 dann zu RTL. Während des Irak-Krieges harrte die Reporterin in Bagdad aus. Sie sendete über Monate hinweg fast täglich aus der umkämpften Stadt und schrieb über diese Zeit ein Tagebuch, „Live aus Bagdad". Für diesen Einsatz wurde sie 2003 mit dem renommierten Hanns-Joachim-Friedrichs-Preis ausgezeichnet. Die gebürtige Klagenfurterin arbeitete auch in Krisengebieten im Libanon, Somalia, Iran, Afghanistan, Südafrika. Sie veröffentlichte mehrere Bücher, 2022 erschien „Afghanistan von innen". Antonia Rados lebt in Paris.

MARGARET BOURKE-WHITE

„Die Kamera zu bedienen war für mich fast eine Erleichterung. Sie errichtete eine kleine Barriere zwischen mir und dem Grauen, das ich vor mir sah."

Als das Schiff von einem Torpedo getroffen wird, braucht sie knapp drei Minuten, bis sie angezogen und zu den Rettungsbooten gehastet ist. Geduldig wartet sie in der Reihe, bis sie endlich über die Reling in Boot 12 klettern darf – wo sie bis über die Hüften im eiskalten Wasser landet. Es ist im Dezember 1942, tief finstere Nacht und die afrikanische Küste meilenweit entfernt, doch ihr größtes Problem ist der vollgestopfte Rucksack, den sie sich eng an die Brust drückt. Der darf auf keinen Fall nass werden, enthält er doch alles, was ihr wichtig ist. „Die Entscheidung, welche meiner sechs Kameras ich mitnehmen sollte, war eine Sache von Sekunden, denn das hatte ich mir vorher genau überlegt. Statt laut Anweisung in meinen Tornister Wäsche zum Wechseln zu packen, hatte ich darin meine Rolleiflex untergebracht und einen Notvorrat an Filmmaterial sowie meine geliebte Linhof und die fünf wertvollsten der dazugehörigen zweiundzwanzig Objektive." Dann wird das Boot mit ihr und Dutzenden anderen Frauen und Männern ins aufgewühlte Meer hinuntergelassen.

Margaret Bourke-White, 38 Jahre alt, ist in diesem Winter in einer besonderen Mission unterwegs. Als Fotojournalistin, als Kriegsreporterin will sie der Welt ein Bild davon geben, was Menschen einander antun, ein Bild von Tätern, Opfern, Helden, sie will das Grauen, die Zerstörung dokumentieren. Und sie ist der Wahrheit auf der Spur, um „zu lehren, wie furchtbar der Krieg ist – vielleicht würde ich damit meinen bescheidenen Beitrag zur Verhinderung von zukünftigen Kriegen geleistet haben", wie sie voller Hoffnung in einem Interview erklärt hatte. Von 1941 bis 1945 wird sie für ihr Ziel vom Frieden arbeiten, in aller Ernsthaftigkeit, voller Emotionen, trotz aller Gefahren, professionell und immer auch ein wenig abenteuerlustig. Sowjetunion, England, Nordafrika, Italien, Deutschland, Reisen in fliegenden Festungen, über rumpelnde Landstraßen und eben auch auf einem zum Transportschiff umfunktionierten Vergnügungsdampfer auf dem Weg zur Front in Nordafrika.

Als der neue Tag angebrochen ist und endlich das Licht stimmt, packt Margaret Bourke-White ihre Kamera aus. Dicht an dicht drängen sich die Schiffbrüchigen in Rettungsboot 12, manche tragen Schwimmwesten,

Margaret Bourke-White, geboren 1904, startete ihre Karriere als Industriefotografin, wofür sie schon früh nach Europa reiste. Als sie 1941 den Überfall der Deutschen auf Moskau miterlebte, entdeckte sie ihre Leidenschaft für politische und Kriegs-Fotografie. Als offizielle Bildberichterstatterin begleitete sie die US-Armee nach Deutschland und dokumentierte 1945 den Untergang des Dritten Reichs. Ihre Bilder von der Befreiung des Konzentrationslagers Buchenwald zählen zu den wichtigen Dokumenten über das Grauen des NS-Regimes. Später porträtierte Margaret Bourke-White zahlreiche Prominente wie Mahatma Gandhi. Sie starb 1971 an den Folgen ihrer Parkinson-Erkrankung.

andere einen Helm oder Uniformmütze. Viele von ihnen sind seekrank, stehen immer noch unter Schock, alle sind unterkühlt. Seit Tagen war der Konvoi der Alliierten von deutschen U-Booten verfolgt worden, dann hatte ein Torpedo eines der vollbeladenen Schiffe getroffen. Mehr als ein Dutzend Rettungsboote schaukeln nun im Meer, an einem hängen Flöße, ebenfalls mit Überlebenden besetzt. Dass es einige überhaupt geschafft haben, erschien wie ein Wunder, wie sich die Reporterin an die vergangene Nacht erinnert. „Im Mondlicht konnte ich die Strickleitern erkennen, die sich wie ein Netz über die Schiffswand spannten. An der Leiter, die uns am nächsten war, klammerte sich eine Gruppe von Krankenschwestern fest. Die Frau auf der untersten Sprosse tauchte im Aufprall der Wellen immer wieder ins Meer und wurde wieder hochgespült, das Ende der Leiter wirbelte sie wild umher." Später, an Land, wird sie diese Frau kennenlernen. „Wir erfuhren, dass die weißhaarige Helen Freckleson aus Edinburgh die Frau war, die von den Wellen gepeitscht am Ende der Strickleiter gehangen hatte. ‚Wie lange warst du auf der Leiter?', frage ich. ‚Eine halbe Stunde. Du musst dich mit beiden Händen festhalten, habe ich mir immer wieder gesagt, du darfst an nichts anderes denken.' Ich sah auf die Hände herunter, die Verwundete zweier Kriege gepflegt hatten. Sie waren nicht jung genug für einen so harten Einsatz. Aber sie hatten festgehalten."

Nach der Ausbildung als Fotografin spezialisiert sie sich auf Motive des Industriedesign und der Architektur – fasziniert vom technischen Aufbruch

1904 in der New Yorker Bronx geboren, Tochter eines Ingenieurs, war Margaret Bourke-White erst auf Umwegen zur Profession gekommen, der nun ihre ganze Leidenschaft gehörte. Ihre Eltern hatten ihr sowohl das College als auch ein Studium ermöglicht, beides recht ungewöhnlich für eine junge Frau in den 1920er Jahren. Bereits mit 23, und nach einem kühnen Fachwechsel von Zoologie zu Kunst mit Schwerpunkt Fotografie, hatte sie dann ihren Abschluss in der Tasche und sich direkt im Anschluss mit einem Fotostudio selbstständig gemacht. Fasziniert von Moderne und Technik spezialisierte sie sich auf Motive wie zeitgenössische Architektur und Industriedesign. Technische Perfektion, strenge Geometrie und Abstraktion, kühle Ästhetik und Monumentalität, mit ihren Fotografien erregte die junge Frau recht schnell Aufmerksamkeit, die Aufträge wurden interessanter und lukrativer, Magazine drucken ihre Bildstrecken, so wie das renommierte *Life-Magazine*, dessen Mitbegründerin sie ist. 1931 hatte sie ihr Studio ins soeben fertiggestellte Chrysler Building verlegt, einen der spektakulärsten Wolkenkratzer der Stadt. Kurz zuvor war sie von einer Reise aus Europa zurückgekehrt, wo sie in der Sowjetunion und in Deutschland den technischen Aufbruch, Stahlwerke, Fabriken, Raffinerien, Werftanlagen, mit der Kamera eingefangen hatte.

Nun, Anfang der 40er, ist sie also zurück in Europa, und die Zeiten haben sich dramatisch geändert. Schon einige Jahre zuvor hatte Margaret Bourke-White ihr Genre erweitert, als sie mit dem Schriftsteller Erskine Caldwell das Leben von Farmern während der großen Dürre im Süden der USA dokumentierte. Gemeinsam mit Caldwell, den sie 1939 heiratet, macht sie sich 1941 auch für eine Reportagereise auf den Weg nach Moskau – wo beide vom Krieg überrascht werden. Und wo die Fotografin, als einzige westliche Fotoreporterin in der umkämpften Stadt, die Gefechte aus ihrem Hotelzimmer heraus ablichtet und ihre Beobachtungen und das, was sie bewegt, in sehr persönlichen Berichten aufschreibt. Während der Angriffe der deutschen Luftwaffe geht sie nur widerstrebend und zeitweise in Deckung, meist steht sie praktisch im Feuer, um unablässig ihre Fotos zu schießen, was mit den alten Kameras ein aufwendiges Unterfangen ist. Umso mehr, als sie sich obendrein immer wieder verstecken muss, weil in den Hotels kontrolliert wird, ob sich auch tatsächlich alle Gäste in Sicherheit gebracht haben, wie sie später erzählt. „Meine Situation war insofern besonders schwierig, als ich, wenn die Sirene heulte, meist drei oder vier Filmpacks zum Entwickeln in der Badewanne hatte, und während die Streife unterwegs war, lag ich unter dem breiten Bett, zählte die Sekunden und Minuten und konnte nur hoffen, dass ich rechtzeitig zur Wanne zurückkommen und die Filme wässern konnte, ehe sie allzu sehr überbelichtet waren."

„Während eines Luftangriffs
auf einem
offenen Dach zu sein
hat etwas Gespenstisches."

Doch Schwierigkeiten spornen die Reporterin nur noch mehr an, und für ein gutes Bild geht sie so ziemlich jedes Risiko ein. Dass man sie in die britische Botschaft eingeladen hat, kommt also gerade recht, bietet das Gebäude doch eine neue Sicht auf die nächtlichen Kämpfe und spannende Perspektiven für ihre Fotos. Und so klettert sie, begleitet von einem General, in einer besonders klaren Augustnacht mit vollen Taschen und behängt mit ihrem Equipment, über ein Treppchen und durch eine Falltür aufs Dach. „Während eines Luftangriffs auf einem offenen Dach zu sein hat etwas Gespenstisches. Der Himmel mit den Lichtkegeln der Suchscheinwerfer und den flammenden Kugeln, die durch den Raum rasen, erscheint so erschreckend groß, als würde ein einzelner Mensch überhaupt nicht zählen. Als dieser Angriff aber richtig in Gang kam, hatte ich so viel zu tun, dass ich nur noch an die vier Kameras denken konnte, die ich gleichzeitig zu bedienen versuchte." Als die zweite Angriffswelle mit Sprengbomben startet, treten General und Fotografin den Rückzug an, wenn auch nicht allzu weit. „In unregelmäßigen Abständen musste ich nach draußen, um die Filme in meinen vier Kameras zu wechseln, und während der General mir durch die Falltür half, sagte er: ‚Machen Sie möglichst schnell, und wenn Sie ein kleines Ding kommen hören, stellen Sie sich hin, dann ist die Angriffsfläche geringer, aber wenn ein großes Ding geflogen kommt, begeben sie sich schleunigst in die Horizontale.'" Sie habe nie unterscheiden können, ob das, was vom Himmel flog, groß oder klein war, also habe sie sich lieber auf ihre Filme konzentriert, berichtet sie später lakonisch. Ihr Mut, ihre Verwegenheit zahlen sich aus. Die spektakulären Bilder von dunkler Nacht, grellen Blitzen, Leuchtfeuern und den Strahlen der Scheinwerfer am Himmel gehen um die Welt. Und Margaret Bourke-White wird zur Ikone der Kriegsfotografie und gefeiert als die Frau, die in den Bombennächten von Moskau auf einem Dach ihren Posten hielt.

> „Frauen fielen in Ohnmacht oder weinten. Männer bedeckten ihr Gesicht und drehten die Köpfe weg."

Die Journalistin wird in diesem Krieg ausharren, bis er zu Ende ist und sogar darüber hinaus. Im Rang eines Lieutenant Colonel der amerikanischen Streitkräfte ist sie offiziell als Kriegsberichterstatterin eingebunden, und wird so auch Zeugin, als die Armee von General George S. Patton das Konzentrationslager Buchenwald befreit, wo seit 1937 weit mehr als 50.000 Menschen ums Leben kamen. Ihre Aufgabe ist es, die Gräueltaten, das Unbeschreibliche, festzuhalten. Und sie tut es, wenn die Motive auch noch so schrecklich sein mochten. Sie fotografiert die ausgemergelten Häftlinge, wie sie, in drei schmalen Reihen übereinander, in ihren Pritschen liegen, nur der oberste Bereich gerade einmal so hoch, dass ein Mensch sich hier auch aufsetzen konnte. Sie fotografiert die übereinander gestapelten Leichen derer, die nicht überlebt hatten. Sie fotografiert eine Gruppe von Männern, junge und alte, wie sie hinter einem Geflecht von Stacheldraht stehen und in die Kamera blicken. Fragende Gesichter, mit müden Augen, befreit und aufs Äußerste traumatisiert. Sie nennt es „Die lebenden Toten von Buchenwald". Und sie fotografiert die Bewohner von Weimar, des Ortes, dessen Zentrum nur acht Kilometer Fußmarsch vom Konzentrationslager entfernt ist, und die Patton herbeischaffen ließ, damit sie mit eigenen Augen sehen, was sie nicht hatten

„Die lebenden Toten von Buchenwald". Männer in Häftlingskleidung, ehemalige Gefangene des Konzentrationslagers – es ist die wohl bekannteste Fotografie von Margaret Bourke-White.

sehen wollen. „Die eben befreiten Insassen des Lagers in ihren blau-weiß-gestreiften Häftlingsanzügen kletterten auf die den Hof umgebenden Zäune. Dort warteten die Zwangsarbeiter und politischen Gefangenen darauf mitanzusehen, wie die Deutschen gezwungen wurden, den Haufen ihrer toten Kameraden anzuschauen. Frauen fielen in Ohnmacht oder weinten. Männer bedeckten ihr Gesicht und drehten die Köpfe weg. Als die Zivilisten immer wieder riefen: ‚Wir haben nichts gewusst! Wir haben nichts gewusst!', gerieten die Exhäftlinge außer sich vor Wut. ‚Ihr habt es gewusst', schrien sie. ‚Wir haben neben euch in den Fabriken gearbeitet. Wir haben es euch gesagt und dabei unser Leben riskiert. Aber ihr habt nichts getan.' Natürlich hatten sie es gewusst", so die Reporterin, „wie fast alle Deutschen." Sie ist zutiefst erschüttert. „Die Kamera zu bedienen war für mich fast eine Erleichterung. Sie errichtete eine kleine Barriere zwischen mir und dem Grauen, das ich vor mir sah."

Als sie das Leichenfeld entdeckt, zwingt sie sich, alles aufzunehmen – jedes Detail

Noch vor der Armee entdeckt sie, rein zufällig, gemeinsam mit einem Reporterkollegen die Toten und einige wenige überlebende Zwangsarbeiter der Maschinenfabrik Erla am Rande von Leipzig. Sie sind die ersten Außenstehenden, die diesen Ort betreten. „Als wir ... eine schmale Landstraße zwischen gepflügten Äckern entlangfuhren, drang ein merkwürdiger Geruch zu uns, ganz anders als alles bisher Erfahrene. Wir folgten dem Geruch und sahen schließlich jenseits einer kleinen Wiese einen etwa drei Meter hohen Stacheldrahtzaun, der seltsamerweise um einen leeren Platz gezogen schien. Wir parkten den Jeep, liefen durch ein kleines Tor hinein und standen vor einem Leichenfeld. Niemand war da, das heißt, kein lebendiger Mensch. Über der Stelle mit all den Schädeln und verkohlten Rippenknochen wehte an einem hohen, dünnen Mast eine groteske weiße Fahne." Sie habe sich gezwungen, wie sie schreibt, all das Stück für Stück aufzunehmen, als nach etwa einer Stunde „etwas Unerwartetes und Rührendes geschah. Überlebende kamen zurück". Schließlich werden es 18 Menschen sein, die das Ungeheuerliche berichten: Wie sie von ihren Bewachern in einen Raum gelockt wurden, und die dann, als alle versammelt waren, die Fenster mit Decken verhängten und diese eimerweise mit entzündlichem Material tränkten. Dann schossen sie mit Maschinengewehren hinein, warfen Handgranaten und zündeten die Decken an. Wer es noch nach draußen schaffte, wurde mit Gewehrsalven beschossen, von 300 Menschen schafften nur 18 die Flucht. „Ein paar waren der Freiheit so nahe gekommen, dass mir das Herz blutete, als ich sie sah. Ein polnischer Professor, von dem man uns sagte, er sei Flugzeugingenieur gewesen, hatte sich halb durch den äußeren Zaun gezwängt. ... der schöne, kahl geschorene Kopf eines Intellektuellen lag draußen, er war nicht einmal verunstaltet, sogar die Brille saß noch. Sie müssen ihn sehr geliebt haben, die Überlebenden vergossen viele Tränen um ihn."

„... das Entsetzen, das mich überfiel, nachdem ich mit diesem deutschen Mädchen gesprochen hatte, saß tiefer und fester als alles, was mir bisher zugestoßen war."

Margaret Bourke-White wird später noch in viele andere Kriegs- und Krisengebiete reisen – nach Indien, Korea, Südafrika. Sie wird Prominente und Helden fotografieren, so wie Mahatma Gandhi, den sie bittet, neben einem Spinnrad Platz zu nehmen. Es ist das Symbol für die Unabhängigkeit, seit der Vorkämpfer des gewaltlosen Freiheitskampfes seine Landsleute aufgefordert hatte, Stoffe selbst herzustellen, um die britische Textilindustrie und erst recht den Kolonialismus zu schwächen. Mahatma Gandhi, Joseph Stalin, Winston Churchill, General Patton, Marlon Brando, jedes ihrer Porträts wird als ikonografisch überdauern. Ihre Bilder stehen auf dem Titel des *Time-Magazine*, sie bleibt die Starfotografin für *Life* und *Fortune* und schreibt insgesamt elf Bücher.

Nach dem Zweiten Weltkrieg veröffentlicht sie den Band „Dear Fatherland, Rest Quietly“ – der erst 1979 unter dem Titel „Deutschland, April 1945“ auch dort erscheint. In diesem Buch zeigt sie den Kollaps des „Tausendjährigen Reichs“, den sie zwischen München, Köln und Berlin dokumentiert. Schockiert berichtet sie von einem Fräulein Hildegard aus Bremen, von dem sie nach Kriegsende so unbegreifliche Sätze zu hören bekommt wie: „‚Der Führer ... Jeder, der ihm begegnete, mochte ihn. Er war sehr aufrichtig, sehr offen. Er glaubte an das, was er sagte. Adolf Hitler hat nie bewusst gelogen.‘“ Hitler habe alles getan, so die junge Frau in tiefer Überzeugung, um den Krieg zu vermeiden. „‚Jeder Deutsche weiß, dass wir am Ausbruch des Krieges nicht schuld sind.‘“ Immer wieder versucht Margaret Bourke-White, Hildegard einen Gedanken an Verantwortung, Einsicht, Schuld zu entlocken, doch vergebens. Am Ende wird sie fassungslos und sehr ernüchtert schreiben: „Ich habe viel von diesem Krieg miterlebt und mich sehr oft gefürchtet, wenn die Lage riskant oder gefährlich war. Aber das Entsetzen, das mich überfiel, nachdem ich mit diesem deutschen Mädchen gesprochen hatte, saß tiefer und fester als alles, was mir bisher zugestoßen war. Ich fühle es immer noch.“

LYNSEY ADDARIO

„Diese Tätigkeit ist eher ein Bekenntnis, eine Verpflichtung, eine Berufung. Sie macht uns glücklich, weil sie unserem Leben einen Sinn gibt."

Eine Frau, Tatiana, 43 Jahre alt. Ihr Sohn, Mykyta, 18 Jahre alt. Ihre Tochter, Alisa, 9 Jahre alt. Still liegen sie neben dem Bürgersteig im Straßenstaub, daneben ein Freund der Familie, der ihnen zuvor geholfen hatte, über eine kleine, marode Brücke in Irpin, einem Vorort von Kiew, zu flüchten. Alle vier getroffen von einem Granatenhagel, vor dem sich auch die Fotografin Lynsey Addario mit ihren Kollegen und vielen anderen Zivilisten in Sicherheit bringen will. „Es war chaotisch. Wir waren alle geschockt. Es war staubig, ich konnte nicht viel sehen, begann trotzdem zu fotografieren. Wir rannten über die Straße. Und das Erste, worauf ich stieß, waren diese vier Körper. Sie sahen so unschuldig aus. Ich nahm vielleicht zwei oder drei Bilder auf. Das ging alles sehr schnell, weil immer noch Granaten detonierten. Dann erst sah ich die Gesichter, eine Frau und einen Mann und zwei Kinder. Sie sahen aus, als schliefen sie. Aber sie waren tot. Ich machte das Foto."

Lynsey Addario, geboren 1973, preisgekrönte Kriegsfotografin (u.a. Pulitzer-Preis), hatte im Jahr 2000 ihren ersten Einsatz in Afghanistan – seitdem hat sie fast überall auf der Welt gearbeitet. Ihre Erlebnisse, wie auch ihre Entführungen im Irak und in Libyen, beschreibt sie in ihrem Buch „Jeder Moment ist Ewigkeit", das Steven Spielberg mit Jennifer Lawrence verfilmt. Für langfristige Projekte kehrt sie immer wieder nach Afrika zurück, wo sie sich vor allem für die Belange von Frauen einsetzt. Mit ihrem Mann und den beiden Söhnen lebt die gebürtige Amerikanerin in London.

Seit zwei Jahrzehnten ist die Amerikanerin als Fotojournalistin in den Kriegsgebieten der Welt unterwegs – Afghanistan, Gaza, Irak, Kongo, Libanon, Libyen, Somalia, Sudan, Syrien, nun die Ukraine. Doch es ist das erste Mal, sagt Lynsey Addario, dass Menschen direkt vor ihren Augen getötet wurden. Es ist auch das erste Mal, dass vor ihren Augen ganz gezielt Zivilisten unter Beschuss genommen wurden. Es ist Tag elf, seit Russland seinen Nachbarn überfallen hat. Es ist der erste Angriffskrieg in Europa seit dem Zweiten Weltkrieg.

Lynsey Addario war zehn Tage vor Kriegsbeginn in der Ukraine. Ob der Einmarsch nicht überraschend für sie gekommen sei, wird sie in einem Interview der *Zeit* nach den schrecklichen Ereignissen von Irpin gefragt. Ihre Antwort ist kurz und bestürzend klar: „Nein, nicht wirklich." Sie sei bereits im Dezember gefragt worden, ob sie für den Einsatz bereit wäre. „So konnte ich mich im Januar vorbereiten, und als die Indizien einer bevorstehenden Invasion dann immer deutlicher wurden, brach ich auf und war am 14. Februar in Kiew." Lynsey Addario, eine Journalistin, die gelernt hatte, die Zeichen zu deuten und die Sprache der Aggressoren zu lesen. Und die hellsichtiger auf das reagierte, was die meisten westlichen Politiker bis zum letzten Moment als bloße Drohgebärden von russischer Seite abgetan hatten.

Sie ist 29 Jahre alt, als sie im Frühjahr 2003 erstmals aus einem Krieg berichtet. Damals ist sie für die *New York Times* im Irak unterwegs, eingebettet, wie es im Militärjargon heißt, in die Truppen der USA, die sie bei ihren Aktionen gegen das gestürzte Regime in Bagdad begleitet. Es ist ein Krieg, der sie verstört, der sie misstrauisch macht gegen Propaganda und sensibel für Unrecht, vor allem gegen die Zivilbevölkerung. „Der Krieg war eine Tragödie. Weil wir nichts von diesem Land verstanden haben."

„Viele von uns wurden beschuldigt, ihre Partner zu betrügen, aber zumeist betrogen wir sie nur mit unserer Arbeit."

Ihre erste Kamera hatte Lynsey Addario, jüngste Tochter einer Familie, die am Long Island Sound nahe New York ein fröhliches Hippieleben lebte, als Teenager vom Vater bekommen. Es ist ein Geschenk, das von nun an ihr Leben bestimmt, wie sie es in ihrer Autobiografie „Jeder Moment ist Ewigkeit" beschreibt. Ein Buch, in dem sie ebenso schonungslos wie anrührend über ihr Leben erzählt, vom Coming Out des Vaters, der die Familie für einen Mann verlässt, von der Herzlichkeit unter den vier Schwestern, von der absoluten Notwendigkeit, Weihnachten immer mit dieser Familie zu verbringen, bis zu den eigenen Liebesbeziehungen, die ihr der Beruf einer Auslandsreporterin, die oft monatelang unterwegs ist, fast unmöglich macht. „Viele von uns wurden beschuldigt, ihre Partner zu betrügen, aber zumeist betrogen wir sie nur mit unserer Arbeit." Bis sie Paul kennenlernt, ebenfalls Journalist, der sie ziehen lässt, wenn sie wieder in einen Krieg aufbricht, und der ihr sagt: „Ich liebe dich. Ich bin hier. Mach deine Arbeit und komm zurück, wenn du fertig bist. Ich werde hier sein und auf dich warten." Warner Brothers hat sich die Filmrechte für dieses Buch gesichert, Jennifer Lawrence wird die Hauptrolle, Steven Spielberg die Regie übernehmen.

„Jeder neue Einsatz, sei es im Kongo, in Darfur, in Afghanistan oder anderswo, machte mir bewusst, was für ein Glück ich hatte, eine unabhängige, gebildete Frau zu sein. Ich war 31 Jahre alt und genoss es, das Recht zu haben, selbst zu entscheiden, wen ich lieben und welcher Arbeit ich nachgehen wollte. Ich genoss das Privileg zu reisen und mich von dem Leid, das ich sah, zu entfernen, wenn es unerträglich wurde. Die meisten Menschen auf der Erde hatten keine Möglichkeit, aus einem Leben in Not zu entkommen." Nach zwei Jahren, die sie, mit Unterbrechungen, im Irak verbracht hat, zieht Lynsey Addario eine erste Bilanz.

Und sie will weg von einer tagesaktuellen Berichterstattung, weg von dem, was sie „Schlagzeilenfotografie“ nennt. Sie will nach Afrika.

Als ihr Somini Sengupta, eine in Indien geborene *New-York-Times*-Journalistin, die später als „International Climate Reporter“ arbeitet, den Vorschlag macht, gemeinsam nach Darfur zu gehen, ist sie sofort dabei. Dort, im Westen des Sudan, hatten sich schwarzafrikanische Rebellen gegen die arabisch dominierte Zentralregierung erhoben, die mit absoluter Brutalität zurückschlug und massiv gegen die Bevölkerung vorging. Über fünf Jahre hinweg wird sie die humanitäre Katastrophe dokumentieren. „Im Laufe der Jahre fotografierte ich das Leid der Flüchtlinge, brennende Dörfer, geplünderte Häuser, Vergewaltigungsopfer.“ Ihre Bilder und die Texte ihrer Kollegen rütteln nicht nur die Leser auf, sondern auch Hilfsorganisationen, die Vereinten Nationen und Politiker, wie Lynsey Addario irgendwann feststellt. „Es war einer der wenigen Fälle, in denen ich tatsächlich sah, dass sich eine beharrliche Berichterstattung auf die Reaktion der internationalen Gemeinschaft auswirkte.“ Sie entwickelt ihre fotografischen Möglichkeiten weiter, verfremdet ihre Fotos, um einen zusätzlichen Reiz für den Betrachter zu wecken. „Der Versuch, einen Konflikt in schönen Bildern darzustellen, mochte paradox wirken, aber ich stellte fest, dass meine abstrakteren Bilder aus Darfur ungewöhnlich starke Reaktionen bei den Lesern provozierten ... Ich wollte, dass die Leute hängenblieben und nachdachten.“

Mit dem Erlös einer Fotoausstellung unterstützt sie Frauen im Kongo

Von Darfur aus wendet sie sich dem Kongo zu, wo im Osten der Republik ebenfalls ein Bürgerkrieg die Menschen drangsaliert. Systematisch werden hier Frauen vergewaltigt, um die Bevölkerung zu terrorisieren und Familienstrukturen zu zerstören. Viele von ihnen werden mit HIV infiziert und körperlich massiv verletzt, alle haben monatelange Martyrien hinter sich und sind dennoch bereit, offen über die Grausamkeiten zu berichten und sich fotografieren zu lassen. „Es gab Frauen, die verschleppt und teilweise mehrere Jahre als Sexsklavinnen festgehalten und gezwungen worden waren, die Kinder ihrer Peiniger auszutragen. Es verblüffte mich, dass diese Frauen reif und stark genug waren, um ihre Kinder trotz der Umstände ihrer Zeugung zu lieben.“ Bibiane, Vumila, Mapendo, einige der Frauen stellt sie nicht nur im Bild, sondern auch in Berichten vor. Sie habe afrikanische Frauen befragt, „die mehr Not und traumatische Erfahrungen hinter sich hatten, als die meisten Menschen im Westen vom Hörensagen kennen, und diese Frauen gaben nicht auf. In den Interviews begann ich oft zu weinen – ich war außerstande, all diese Gewalt und diesen Hass gegen die Frauen zu verstehen“. Mit einer Fotoausstellung in den USA, an der sich auch drei männliche Kollegen beteiligen, treibt sie genügend Geld ein, um einigen Frauen dringend

„Sudan Rebels“, 2004. Soldaten der Sudanesischen Befreiungsarmee in Darfur. Regelmäßig reist Lynsey Addario in den Sudan, um mit ihren Bildern auf das Leid der Bevölkerung aufmerksam zu machen.

nötige Operationen zu ermöglichen, die die Verletzungen durch die Misshandlungen lindern sollten.

Lynsey Addario leidet nicht nur mit vielen der Menschen, die ihr während der Arbeit in den Krisengebieten begegnen, auch sie selbst wird immer wieder zum Opfer der unterschiedlichen Kriegsparteien. Ein Jahr nach Kriegsbeginn im Irak gerät sie zusammen mit einem Kollegen bei Bagdad zum ersten Mal in Geiselhaft. Inzwischen werden die US-Militärs nicht mehr als Befreier angesehen, die das Regime vom Saddam Hussein beendet haben, sondern als Eindringlinge, die von Einheimischen mit Bombenanschlägen, Sprengfallen und Selbstmordattentaten bekämpft werden.

Längst hat sie sich angewöhnt, zu Recherchen, die gefährlich werden könnten, einen knöchellangen Umhang, eine Abaya, über ihre Alltagskleidung zu ziehen und ein schwarzes Kopftuch zu tragen, um unauffälliger zu wirken. Im April 2004 passiert es dann: Gemeinsam mit Matthew – sie macht für die *New York Times* die Bilder, er schreibt die Reportagen –, einem Fahrer und einem Dolmetscher brechen sie von Bagdad auf ins 120 Kilometer westlich gelegene Ramadi, sie nutzen eine sogenannte Schmugglerroute, da die US-Soldaten die Hauptstraße gesperrt haben. Irgendwo im freien Gelände ist die Fahrt zu Ende, bewaffnete Männer halten den Wagen an, sie ist geschockt. „Wir waren zwei Ausländer in einem von den sunnitischen Aufständischen kontrollierten Gebiet. Feinde aus dem Westen im Herzen des Widerstands ... ‚Jetzt sterben wir', sagte ich." Binnen Kurzem ist der Wagen von Dutzenden Bewaffneten umringt, sie schreien, schießen Salven in die Luft, zwingen Fahrer und Dolmetscher auszusteigen und mitzugehen. „Unser Auto war gepanzert und kugelsicher, mit dicken Panzerglasscheiben, die uns gegen das Waffenarsenal dieser Männer jedoch nichts nutzen würden. Ein junger Mann, der nicht älter als 20 Jahre sein konnte und eine Panzerfaust auf dem Rücken trug, bebte vor Aufregung, so als würde er selbst jeden Augenblick explodieren. ‚Wir werden sterben', sagte ich. ‚Wir werden sterben.' Ich konnte keinen anderen Gedanken fassen. Wir waren vollkommen wehrlos."

Bis zum Abend werden sie nacheinander in die unterschiedlichsten Quartiere verfrachtet, von den unterschiedlichsten Männern bewacht, ausgefragt und bedroht. Dann bringt einer der Bewacher sie zu ihrem Wagen zurück, „er hatte uns das Leben gerettet". Ihr Glück war wohl, dass sie sich als Italienerin und Grieche ausgegeben hatten, dass Lynsey Addario die amerikanischen Pässe in ihrer Unterwäsche verstecken konnte, dass sie geistesgegenwärtig behauptet hatte, schwanger zu sein. Vor allem aber, dass sie glaubwürdig erklärt hatten, sich als Journalisten für das Schicksal der Einheimischen zu interessieren und mit der amerikanischen Politik ganz und gar nicht einverstanden zu sein. In Bagdad zurück, werden sie von 20 Teammitgliedern erwartet, einige weinen, sie hatten nicht mit einem guten Ausgang gerechnet und bereits die Angehörigen in den USA benachrichtigt. Am Telefon sagt Lynsey ihrem weinenden Vater, sie werde bald wieder zurück sein.

Nach der Entführung im Irak setzt sie zum ersten Mal ihr Testament auf – doch ihre Mission geht dennoch weiter

„Ich versprach meinen Eltern heimzukommen, aber als mich die Zeitung fragte, ob ich den Irak verlassen wollte, sagte ich nein. Ich wusste, dass die Arbeit als Kriegsfotograf mit traumatischen Erfahrungen einherging – wir hatten alle von Alkohol, Drogen und Selbstmorden in der vorangegangenen Generation von Kriegsberichterstattern gehört –, und ich wollte die Kontrolle über mein Verhalten bewahren. Ich war mir meiner Gefühle ausreichend bewusst, um zu verstehen, was sie bedeuteten. Deshalb hielt ich es für besser, nicht mit Flucht auf unsere Entführung zu reagieren. Matthew und ich sprachen über unsere Optionen und beschlossen, noch ein oder zwei Wochen zu bleiben und den Irak anschließend zu verlassen. Ich war erschüttert, jedoch nicht eingeschüchtert, denn ich wusste, dass dies meine Lebensaufgabe war. Ich akzeptierte die Angst als Begleiterscheinung des Wegs, den ich gewählt hatte. Aber ich setzte ein Testament auf. Bei der Entführung im Irak hatte ich zum ersten Mal wirklich geglaubt, dass ich sterben würde."

Am 16. März 2011 wird sie dann ein zweites Mal entführt, in Libyen, wo die Aufstände gegen Diktator Gaddafi toben und wo das Team, mit dem Lynsey Addario unterwegs ist, südlich von Bengasi in einen Hinterhalt gerät. „Gaddafi hatte seine Truppen angewiesen, Journalisten als ausländische Spione zu töten", berichtet sie später, es sind seine Soldaten, denen die Gruppe in die Hände fällt. Als sie auf der Straße am Boden liegt und in einen Gewehrlauf blickt, hat sie mit dem Leben so gut wie abgeschlossen.

„Warum macht jemand diese Arbeit?
Warum riskiert
jemand sein Leben für ein Foto?"

„An diesem Tag in Libyen stellte ich mir jene Fragen, die mich bis heute nicht loslassen: Warum macht jemand diese Arbeit? Warum riskiert jemand sein Leben für ein Foto? Auch nach zehn Jahren Kriegsberichterstatterin fällt es mir schwer, diese Frage zu beantworten. Die Wahrheit ist, dass kaum jemand für diese Arbeit geboren wird. Es ist eine Tätigkeit, die man zufällig entdeckt und in die man Schritt für Schritt hineinwächst. Wir lernen dieses ungewöhnliche Leben und diesen außergewöhnlichen Beruf kennen und wollen ihm weiter nachgehen, egal, wie zermürbend, belastend oder gefährlich er wird. Wir verdienen unseren Lebensunterhalt damit, aber diese Tätigkeit ist eher ein Bekenntnis, eine Verpflichtung, eine Berufung. Sie macht uns glücklich, weil sie unserem Leben einen Sinn gibt. Aber wenn ein Journalist getötet wird, durch eine Landmine seine Beine verliert oder seine Familie der Qual einer Entführung aussetzt, frage ich mich, warum ich dieses Leben gewählt habe."

Nach sieben Tagen kommt sie frei, man hatte sie sexuell belästigt, immer wieder begrapscht, geschlagen, bedroht, beschimpft, bespuckt, ihr immer wieder vorgesagt, dies sei der Tag, an dem sie sterben würde. Aber man hat sie nicht vergewaltigt, was ihre größte Angst gewesen war. Mithilfe der türkischen Botschaft hatten die USA, vor allem aber die *New York Times*, die Freilassung der vier Journalisten erreicht.

Am Ende desselben Jahres kommt Lukas, ihr älterer von zwei Söhnen, zur Welt. Drei Monate nach Lukas' Geburt beginnt Lynsey Addario wieder zu arbeiten, von London, wo die Familie inzwischen wohnt, reist sie für einen Auftrag nach Alabama. In ihrer Autobiografie setzt sie sich mit ihren Gefühlen auseinander. Die Trennung von ihrem Baby sei das schlimmste Gefühl von Verlust gewesen, das sie jemals erleben musste, während der ganzen Fahrt zum Flughafen und während der Reise habe sie geweint. Bis sie am nächsten Morgen ihre Kameras nahm und zu ihrem Termin ging. „Als ich die ersten Fotos geschossen hatte, versank ich vollkommen in meiner Arbeit." Im ersten halben Jahr nach der Geburt ist sie in Mississippi, Mauretanien, Simbabwe, Sierra Leone und Indien. „Wie so viele berufstätige Männer und Frauen mühte ich mich ab, das perfekte, illusorische Gleichgewicht zwischen Beruf und Privatleben zu finden. Es kam immer einer der beiden Bereiche zu kurz." Auf die ‚Breaking News', das hektische Nachrichtengeschäft, will sie von nun an allerdings verzichten, wählerischer sein, die Bedeutung eines Auftrags daran messen, wie viel Zeit mit der Familie er sie kosten würde.

2022 ist sie im Krieg in der Ukraine. Beim Granatenhagel auf die Flüchtenden von Irpin an diesem 6. März wird auch sie verletzt, das ganze Chaos, der Irrsinn, die hektische Flucht der Menschen ist auf einem Video zu sehen, das ein ukrainischer Kollege während des Angriffs gedreht hat. Man hört, wie auch Lynsey Addario schreit, wie sie fürchtet, von einem Schrapnell getroffen zu sein. Später stellt sich heraus, dass Kiessplitter sie am Hals verletzt hatten.

Die Bilder der Toten von Irpin, die die *New York Times* zwei Tage später auf der Titelseite bringt, lösen international eine Diskussion darüber aus, was Reporter dürfen, was Kriegsfotografen dürfen – oder was sie womöglich auch tun müssen. Darf man die Gesichter von toten Kriegsopfern zeigen? „Wir haben zuerst mit der Patentante der getöteten Frau gesprochen und ihr erklärt, was wir gesehen haben. Sie weinte, und dann liefen mir auch die Tränen herunter. Ich sagte ihr, es tue mir leid, dass ich dieses Foto gemacht habe. Sie sagte, nein, es sei wichtig, dass der Moment dokumentiert worden sei, denn es sei ein Kriegsverbrechen. Später trafen wir uns auch mit dem Ehemann der getöteten Frau", sagt sie. Auch er, der Vater der getöteten Kinder, habe darauf bestanden, dass die Fotos gezeigt werden: „Die ganze Welt sollte wissen, was hier passiert ist."

Lynsey Addario selbst macht sich die Antwort nicht leicht. Aber: Unschuldige Menschen, Zivilisten seien angegriffen worden, über die Köpfe von Kindern seien Granaten geschossen worden, etwa 20 Meter von ihr entfernt. Eine Familie, die nur ihr Leben retten wollte, wurde gezielt getötet. Die Fotos, so Lynsey Addario, seien vor allem eins: „Das Zeugnis eines Kriegsverbrechens".

LEE MILLER

„Ich flehe Sie an zu glauben, dass dies wahr ist!“

Als sie die Nachricht bekam, auf die sie und mit ihr die ganze Welt gewartet hatte, hob sie nur den Kopf und sagte ein einziges Wort: „Danke." Gemeinsam mit ihrem Kollegen und guten Freund David E. Scherman hatte sie Anfang Mai 1945 noch fotografiert, wie Adolf Hitlers Haus in der Nähe von Berchtesgaden niederbrannte, nun saßen die beiden Journalisten in einem improvisierten Pressezentrum in einer Schule in Rosenheim, um ihre Bilder zu verpacken und zu beschriften, wie Scherman Jahrzehnte später berichtet. „Während wir noch schrieben, kam ein Soldat herein und sagte: ‚Ich dachte, ihr wollt bestimmt wissen, dass Deutschland gerade kapituliert hat. Der Krieg in Europa ist vorbei.' Lee blickte von ihrer kleinen Hermes auf und sagte: ‚Danke.'"

Seit mehr als vier Jahren hatte Lee Miller von diesem Krieg berichtet, anfangs als Fotoreporterin, doch schon bald schrieb sie auch die Texte zu ihren Bilddokumenten, über den Kampf in der Normandie, den Vormarsch der Alliierten Richtung Osten, die Befreiung von Häftlingen, das Zusammentreffen der amerikanischen und der russischen Truppen an der Elbe in Torgau und über das, was sie „Hitleriana" nennt, und was sie zutiefst verachtet: „Kein Deutscher, es sei denn, sie sind Widerstandskämpfer im Untergrund oder Insassen von Konzentrationslagern, findet, dass Hitler irgend etwas falsch gemacht habe, außer den Krieg zu verlieren." Ihr Blick auf Deutschland, auf die Deutschen wird bis zu ihrem Lebensende unversöhnlich bleiben. Die verwundeten und getöteten GIs, die Schlachtfelder, Buchenwald und Dachau, sie hat zu viel von dem gesehen, was andere erst gar nicht wahrhaben wollten, auch wenn sie selbst über das Gesehene nach dem Krieg nicht mehr reden konnte. Ein einziges Mal, so sagt ihr Sohn Anthony, habe sie ihr Schweigen gebrochen: „Ich erinnere mich, dass ich, als ich etwa elf war, zu Hause erzählte, ich hätte in der Schule gehört, dass die Konzentrationslager der Nazis in Wahrheit von den Amerikanern als eine Hetzkampagne gegen die Deutschen erfunden wurden. Sie waren sehr real, antwortete Lee, und fügte hinzu, sie habe Menschen gekannt, die dort gestorben seien. Kein überzeugendes Argument, wenn man nur den Wortlaut wiedergibt, aber die eisige Härte in ihrer Stimme, als sie diese Worte sprach, schockierte mich zutiefst und erhob ihre Aussage über alle Zweifel."

Kriegsreporterin, Berichterstatterin über Politik, Militär, Leben und

Lee Miller, geboren 1907, zählt zu den Legenden der Kriegsberichterstattung. Das einstige Model hatte bei Man Ray in Paris die Fotografie gelernt und sich im Zweiten Weltkrieg der US-Armee als Korrespondentin angeschlossen. Millers Reportagen wurden dann regelmäßig in der britischen und der US-*Vogue* veröffentlicht. Nach dem Krieg zog sie sich mit ihrem Mann, einem Künstler, ins Private zurück. Erst nach ihrem Tod 1977 wurde ihr umfangreiches Werk auf dem Dachboden ihres Hauses in Südengland wiederentdeckt.

Tod. Nur wenig konnte weiter entfernt sein von Lee Millers ursprünglichen Karriere-Ambitionen. 1907 in Poughkeepsie im Staat New York in eine wohlhabende Familie geboren, war Lee als Teenager an Kunst interessiert, studierte Bühnenbild in New York, dann für ein Jahr Kostüm und Theaterdesign in Paris. Und als sie durch Zufall Condé Montrose Nast, dem Verleger der *Vogue*, begegnet (angeblich hatte er sie am Straßenrand zurückgerissen, als sie fast vor ein Auto gelaufen wäre und ihr damit das Leben gerettet), wird sie fast schon blitzartig ein Teil der Modewelt. Groß, elegant, blond, verkörpert sie die kühle, glamouröse Schönheit, ein Ideal ihrer Zeit. Sie steht legendären Fotografen wie Edward Steichen und Horst P. Horst Modell, doch mit 22 hat sie auch schon wieder genug – sie muss weiter. „Aus irgendeinem Grund möchte ich immer lieber woanders sein. Das ist einfach meine Ruhelosigkeit", erklärt sie irgendwann ihrem Freund Scherman, der sie wohl verstanden hat: „Lee Millers ‚Ruhelosigkeit' war eine ewig nagende Neugier, das zu sehen, was sich hinter der nächsten Straßenecke befindet, um alle paar Jahre, Monate, Tage ein völlig neues Leben zu erfinden, gründlich zu revidieren und schließlich wieder zu verwerfen."

Sie führt ein rastloses Glamour-Leben zwischen Paris, New York, Kairo, London, doch dann bricht sie Richtung Deutschland auf. Es ist ihre Reise in den Krieg

Sie geht nach Paris – und wird selbst Fotografin. Irgendwie schafft sie es, Man Ray auf sich aufmerksam zu machen, sie wird seine Assistentin, Muse, zeitweilig auch seine Geliebte. Gemeinsam mit dem surrealistischen Künstler entwickelt sie seine und bald auch ihre Kunst weiter, sie lernt die großen Maler und Poeten der 20er Jahre kennen, Picasso porträtiert sie mehrere Male. Er, wie auch Paul Eluard, Louis Aragon und Max Ernst werden Freunde fürs Leben. Nach einem Ausflug gen New York, wo sie ein eigenes, erfolgreiches Fotostudio eröffnet, einer Ehe mit einem ägyptischen Geschäftsmann und einigen Jahren mit ihm in Kairo lernt sie 1937 in Paris den Künstler Roland Penrose kennen, mit dem sie nach London geht und den sie später auch heiraten wird. Doch zuerst kommt der Krieg. Der „Blitz", wie die Briten sagen.

Da sie nun schon mal in London ist, bietet Lee Miller sowohl der britischen als auch der amerikanischen *Vogue* ihre Dienste als Fotografin an. Noch geht es um Mode, doch der Chic hat der Not zu gehorchen. „Mode für Fabriken", „Clevere Mode für geringe Einkommen", Frauen mit Schutzmasken in surrealer Pose, Lee Miller gibt ihr Bestes hinter der Kamera und dokumentiert damit ein neues Frauenbild der toughen, bodenständigen Britin. Irgendwann treffen die ersten US-Soldaten und mit ihnen Fotografen und Reporter in London ein, unter ihnen der *Life*-Journalist David E. Scherman. Er war es dann angeblich auch, der Lee Miller, die neben der Mode längst neue Interessen hatte, den Tipp gab, sich doch den Berichterstattern anzuschließen. Als er nach einem kurzen Einsatz in Frankreich zurückkehrt, erfährt er, „dass Lee irgendwie akkreditiert worden war, sich eine schmucke Uniform bestellt hatte, die sie auch ein Jahr lang fast ununterbrochen trug, und sich bereits auf dem Weg in die Normandie befand, wo sie eine Geschichte über ein Feldlazarett am Omaha Beach machen sollte. Die Offiziellen dachten wohl, ein Lazarett bedeutete einen Haufen Krankenschwestern, so dass Lee sich gut aufgehoben fühlen würde und auch auf die Empfindlichkeiten der *Vogue* Rücksicht genommen war. Sie waren in beiderlei Hinsicht im Irrtum".

Zwar kümmerte sich Lee Miller hingebungsvoll um die Geschichten der „American Army Nurses" und lieferte nun auch ihre erste größere Reportage. Sie beschrieb die 18-Stunden-Tage der Schwestern, den Kampf der Ambulanz um jedes Leben. „Die Verwundeten ... waren verdreckte, ramponierte, mitgenommene Gestalten – kaum bei Bewusstsein. Sie kamen direkt von der Erste-Hilfe-Station des Frontbataillons und trugen notdürftige Hilfsverbände, Aderpressen und blutdurchtränkte Armschlingen – einige waren ausgelaugt und leblos." Das eingeschränkte Leben der Pflegerinnen, die Schmerzen der Soldaten, die Müdigkeit der Ärzte, die Versorgung und die Arbeit der Küchenbrigade, sie schreibt alles auf und flitzt mit ihrer Kamera über die schlammigen Wiesen mit den Lazaretten, späht in jedes Zelt und fotografiert die Chirurgen während ihrer Arbeit am improvisierten OP-Tisch. „Unbewaffnete Krieger" nennt sie ihren Bericht. Ebenso erstaunlich wie Lees Robustheit – die *Vogue*, weltbekanntes Modemagazin, ist weniger empfindlich als angenommen und druckt, was ihr „War Correspondent" liefert. Insgesamt fünf Frauen hat die US-Armee als Fotografinnen zugelassen, insgesamt werden 117 amerikanische Korrespondentinnen für die LeserInnen daheim berichten. Das Ex-Model Lee Miller von jetzt an immer ganz vorne dabei.

> „Meine Matratze hatte ich selbst mitgebracht, um Unterkunft und Verpflegung bettelte ich."

„Zur Belagerung von Saint-Malo fuhr ich per Anhalter. Meine Matratze hatte ich selbst mitgebracht, um Unterkunft und Verpflegung bettelte ich." Ihren ersten Text von den Schlachtfeldern beginnt die Reporterin einigermaßen launig. Die bretonische Hafenstadt sei eingenommen, die Presse willkommen, hatte das Militär vorab verkündet. Doch vor Ort stellt sich heraus, dass es noch einige Zeit und viele erbitterte Kämpfe lang dauern sollte, bis die „Hunnen" aus der Zitadelle, ihrer Festungsanlage und aus dem Gewirr unterirdischer Gänge vertrieben sind. „Hunnen“ oder „Krauts“, selten spricht die Reporterin von Deutschen, ganz im Jargon der GIs, mit denen sie nun die nächsten Monate verbringen wird. Dass sie als Fotografin dokumentiert, wie die Army Napalm einsetzt, wird die Zensur kassieren. Dass sie ihren ursprünglichen Auftrag eigenhändig erweitert und über Kampfhandlungen geschrieben hat, wird ihr Hausarrest eintragen. Dann geht es weiter, Richtung Paris.

Ende August 1944 kabelt sie an die Herausgeberin der britischen *Vogue*, Audrey Withers, die nicht nur ihre Texte, sondern auch eine Menge Aufträge entgegennimmt (mal braucht die Reporterin an der Front Ohrstöpsel, dann Blitzlichter und Medikamente, dann „Kohlepapier, die dicke Sorte für die kontinentale Papiergröße, schließlich zwei Schreibbänder für meine Hermes-Reiseschreibmaschine“), dass sie nun bald in der französischen Hauptstadt eintreffen wird. „Unter keinen Umständen werde ich in Paris die erste Journalistin sein, falls jedoch niemand unerwartet mit dem Fallschirm abspringt, denke ich, dass ich der erste weibliche Fotograf in der Stadt sein werde.“ Ach ja, nicht zu vergessen: „Bitte schicke mir doch Ausgaben der amerikanischen und der Londoner *Vogue*. Die Pariser werden sie sehen wollen, und es wäre ein guter ‚point de départ‘, um neue Leute kennenzulernen.“ Ende August ist sie in Paris – und Paris feiert. Nach mehr als vier Jahren Besatzung ist die Stadt endgültig befreit, das Leben kehrt zurück. Oder, wie Lee Miller in einer Reportage schreibt: „Paris war verrückt geworden. Die langen, anmutigen würdevollen Avenuen waren voller Fahnen und schreiender, jubelnder, gutaussehender Menschen. Mädchen, Fahrräder, Küsse und Wein. Und um die Ecke Scharfschützen, eine explodierende Granate und ein brennender Panzer ... Die Pariser hatten aus ihrer Woche des Krieges ein fantasievolles Spiel gemacht. Zwar ging es genauso um Leben und Tod wie in den letzten vier Jahren auch, ihre lang ersehnte Befreiungsschlacht aber schlugen sie mit Fröhlichkeit, Leichtsinn und Blumen im Haar.“

Wie die meisten macht sie sich auf die Suche nach den alten Freunden. Den Dichter Paul Eluard, der in den Untergrund gegangen war und in der Résistance gekämpft hatte, und seine Frau Nusch findet sie in desolaten Verhältnissen vor. Nusch „konnte die Spuren von Krankheit und Entbehrung nicht verbergen ... In einer der schönsten Wohnungen in ganz Paris waren die beiden praktisch am Verhungern“. Andere hatten die Zeit ein wenig besser überstanden. „Picasso und ich fielen uns in die Arme, und zwischen Lachen und Weinen, nachdem er mir in den Hintern gezwickt und meine Haare durcheinandergebracht hatte, tauschten wir zusammenhanglos Neuigkeiten über gemeinsame Freunde und deren Arbeit aus.“ *Vogue*, immer noch ein Mode-Magazin, bittet sie um ein paar Modeaufnahmen aus der Metropole, in der die Couturiers ihre Arbeit wiederaufnehmen. Dass Chefredakteurin Edna Woolman Chase im fernen New York ihre Arbeit kritisiert, wie ihr via Telegramm mitgeteilt wird – „Edna sagt Zitat kann nicht glauben dass Bilder typisch für hochklassige französische Mode sind ...“ –, erbost Lee Miller zutiefst, was sie direkt zurückschreibt. „Ich halte Edna für sehr unfair. Diese Schnappschüsse sind unter schwierigsten und deprimierendsten Umständen gemacht worden ... Man sollte Edna sagen, dass man hier vielleicht im Krieg ist ...“ Es wird nicht das letzte Mal sein, dass Lee Miller am Mitgefühl ihrer KollegInnen im ruhigen und friedlichen Amerika zweifelt.

„... alles wie bei richtigen Menschen. Aber das sind sie nicht. Sie sind der Feind. Dies ist Deutschland ...“

Chartres, Orléans, Tours, im Gefolge der Armee erlebt sie die Übergabe der Städte von den Besatzern an die Alliierten, sie beobachtet die Schlangen von Kriegsgefangenen auf dem Weg in die Internierung, sie spricht mit den Einheimischen. „Die Franzosen zeigten mir ihre Gräber, die Schuhe ihrer Söhne, die Fotos mit Trauerrahmen ihrer Ehemänner, die in einen unbekannten, aber sicheren Tod verschleppt wurden. Sie hielten Frieden mit Fäusten in der Tasche und sagten: ‚C'est la guerre'.“ Und dann, im April 1945 ist sie in Deutschland. „Der Krieg ist gewonnen“, so überschreibt sie ihre Reportage.

„Deutschland ist ein schönes Land – mit Dörfern wie Juwelen und zerbombten Stadtruinen –, und wird von Schizophrenen bewohnt. Es gibt blühende Landschaften und schöne Aussichten; auf jedem Hügel thront ein Schloss. Die Weinberge an der Mosel und die frisch gepflügten Felder sind fruchtbar. Makellose Birken und zarte Weiden säumen die Flüsse, und die winzigen Städte bestehen ganz aus pastellfarbenem Putz, so als wären sie ein modernes Aquarell mit Anspielungen auf das Mittelalter. Kleine Mädchen spazieren nach ihrer Erstkommunion in weißen Kleidern und Blumenkränzchen in der Hand herum. Die Kinder haben Stelzen, Murmeln, Kreisel und Reifen und spielen mit Puppen. Mütter nähen, putzen und backen, Bauern pflügen und eggen; alles wie bei richtigen Menschen. Aber das sind sie nicht. Sie sind der Feind. Dies ist Deutschland, und es ist Frühling.“

In Deutschland wird sie auch auf ihre Kollegin Margaret Bourke-White treffen, gemeinsam dokumentieren sie das Grauen im Konzentrationslager Buchenwald. Überlebende, krank, bis auf die Knochen abgemagert, traumatisiert. Und die Ermordeten, zu Hunderten, wie weggeworfen, übereinandergestapelt. Leichen, die die SS wegen des Vormarschs der Alliierten nicht mehr hatte verbrennen können. In einem Eisenbahnwaggon finden Soldaten noch mehr Tote – Menschen, die man aus Auschwitz herbeigeschafft hatte und die unterwegs an Hunger, Durst, Krankheiten, Erschöpfung gestorben waren. Dann Dachau, von wo sich Lee Miller ebenfalls voller Abscheu meldet. „In diesem Fall liegt das Lager so nah an der Stadt, dass es keine Zweifel daran geben kann, dass die Einwohner wussten, was dort vor sich ging. Die Gleise der Bahnstrecke ins Lager führen an nicht wenigen vornehmen Villen vorbei, und der letzte Zug voller toter und halbtoter Deportierter war lang genug, um quasi vor deren Haustür zu stehen." Ob man ihr glauben würde? Lee Miller hat ihre Zweifel und schickt ihre Sendung mit drängenden Worten nach New York: „Ich flehe Sie an zu glauben, dass dies wahr ist!" Bilddokumente und Texte erscheinen in den Juni/Juli-Ausgaben der britischen und der amerikanischen *Vogue*. Die Überschriften lauten: „Believe it" und „Germans are like this".

Doch zwischendurch bietet das Leben auch Skurriles und sogar Grund zum Feiern. In München quartiert sie sich mit ihrem Kollegen David E. Scherman, den die Nazis als Juden verfolgt und grausam getötet hätten, in Adolf Hitlers Privatwohnung im feinen Bogenhausen ein. Dort, am Prinzregentenplatz 16, entsteht eines ihrer berühmtesten Bilder – Lee Miller, wie sie in der Badewanne des „Führers" sitzt und sich mit einem fragenden, nachdenklichen Blick die Schulter wäscht, aufgenommen von Scherman. Anschließend tauschen sie die Plätze, und Lee fotografiert auch ihn. Zwei Amerikaner, die das Bad des Diktators in Besitz genommen haben und deutlich machen: Es ist vorbei, er ist nicht mehr da! Dort erfährt sie auch von Hitlers Tod, wie sie ihrer Chefredakteurin Audrey Withers schreibt: „Ich hielt mich in Hitlers Privatwohnung auf, als am Ersten Mai gegen Mitternacht sein Tod bekanntgegeben wurde. Wir konnten nicht mehr feiern, als wir es ohnehin schon taten. Es schneite, wir feierten, dass wir dort waren, und die nüchterne überzeugende Stimme der BBC war nur ein weiteres Gerücht. Also gut, er war tot. Für mich war er bis heute nie wirklich lebendig. Er war all diese Jahre ein böses Maschinen-Monster gewesen, bis ich die Orte sah, die er berühmt gemacht hatte, mit Menschen sprach, die ihn kannten, dem Hintertreppengerede nachforschte und in seinem Haus aß und schlief."

Es ist auch dieses Nebeneinander von Brutalität und Banalem, von Normalität und Grauen, das der Reporterin mehr zu schaffen macht, als ihr damals bewusst ist. Dass sie nach dem Krieg nicht mehr über das Erlebte sprechen kann, dass sie ihre Bilder in Kartons packt und auf dem Dachboden versteckt, dass sie in den späteren Friedenszeiten alkoholkrank wird – auch Lee Miller geht schwer traumatisiert aus diesem Krieg heraus. Und dennoch hält sie ihren Einsatz durch, bis zum letzten Moment, bis zum letzten Bild. Sie ist Zeugin und sie verbietet sich wegzusehen.

Wie ein Schnappschuss und doch sorgfältig inszeniert: Lee Miller 1945 in Adolf Hitlers Badewanne in seiner Münchner Wohnung. Auf der Bademattte ihre schweren Stiefel, die sie den ganzen Krieg über trug.

Sie wird noch nach Wien reisen und die Auswirkungen des Krieges dokumentieren, kranke, ausgezehrte Kinder fotografieren, für die es an Medikamenten fehlt, sie wird in Ungarn und Rumänien arbeiten. Im Mai 1946 ist ihre Mission beendet, sie geht nach England in ein neues Leben, das sich um ihre Familie und die Kunst drehen wird. Ihr Blick zurück und erst recht zu dem Deutschland, das sie erleben und erleiden musste, bleibt voller Fassungslosigkeit, so wie sie es schon von München aus an die Leser in Amerika geschrieben hatte: „Ich glaube nicht, dass sie je aus dieser Erfahrung lernen werden, und ich weiß, dass ich sie nie verstehen werde. Mir geht es wie den Soldaten hier, die die schöne Landschaft betrachten, den supermodernen Komfort der Häuser nutzen und sich fragen, warum eigentlich die Deutschen noch mehr wollten."

NICOLE TUNG

Wahrheit spielt bei meiner Arbeit eine besonders große Rolle

Wahrheit spielt bei meiner Arbeit eine besonders große Rolle. Mir war schon immer klar, dass ich einmal einer Arbeit nachgehen möchte, bei der ich reisen kann. Als ich noch studierte, reiste ich während des Spring Break nach Bosnien. Ich hatte viel über die Konflikte auf dem Balkan gelesen und lernte dort eine Frau kennen, die durch das Massaker von Srebrenica 1995 zur Witwe geworden war. Diese Erlebnisse zwangen mich regelrecht dazu, Journalistin zu werden. Ich war schon immer an Geschichte interessiert, und der Journalismus schien eine Möglichkeit zu sein, einen Entwurf für sie zu verfassen.

Ich schrieb zunächst Nachrichtenberichterstattungen in New York, doch als die Tunesische Revolution – im Fahrwasser des Arabischen Frühlings – begann, musste ich einfach beobachten, was da passierte. 2011 besuchte ich den Tahrir-Platz in Kairo – das war aufregend, und ich fühlte mich sehr privilegiert. Dann berichtete ich über Libyen, als Gaddafi gestürzt wurde. In Bengasi, wo Tausende Menschen unisono skandierten, dass sie nun frei von Gaddafis Regime seien, nahm meine Arbeit als internationale Reporterin klare Konturen an. Anschließend berichtete ich über den syrischen Bürgerkrieg, was ich nun bereits seit sechs Jahren mache. Es ist wichtig, dass die Menschen eine Verbindung zu meinen Fotos herstellen und dass meine Berichte genau sind. Ich möchte durch meine Bilder komplexe Sachverhalte erklären. Allerdings verstehe ich umso weniger von einem Konflikt, je mehr ich über ihn weiß. Krieg ist ein Platz der Extreme – es geht darum, wie Menschen ihre Menschlichkeit verlieren, aber auch, wie sie sie erlangen. Ich war Zeugin grauenvoller Dinge, aber auch der größten Heldentaten in den schrecklichsten Situationen. Ich habe gesehen, wie Menschen ihr Leben riskierten, um das eines anderen zu retten. Krieg und Konflikte sind so alt wie die Menschheit; sie scheinen beinahe Teil des menschlichen Daseins zu sein. Obwohl es Konflikte geben muss, damit es Veränderungen gibt oder damit etwas vorankommt, interessiere ich mich nicht für die Machthaber, die diese Konflikte auslösen. Stattdessen versuche ich mich auf die Menschen zu konzentrieren, die am verletzlichsten sind, es verdient haben, gehört zu werden, und von den Verantwortlichen oft übergangen werden.

Eine Journalistin zu sein, die über Konflikte berichtet, hat zwei Seiten: Die eine ist sehr egoistisch und hat mit der Erregung zu tun – dem Rausch, dem Adrenalin –, direkt vor Ort zu sein, wo sich alles abspielt. Man fühlt sich so lebendig, so gegenwärtig, alle Gefühle sind verstärkt. Auf eine gefährliche Weise macht das süchtig, und man muss sich immer bewusst sein, worauf man sich einlässt und wie weit man gehen will. Die andere Seite ist uneigennützig, schließlich ist man für die Verletzlichen da und für ihre Geschichten. Es ist solch ein Privileg, wenn Menschen einen in ihr Leben lassen – man hat die Verantwortung, ihre Geschichten an diejenigen weiterzugeben, die bereit sind, zuzuhören. Man hofft, dass es irgendeine Veränderung mit sich bringen wird; dass man, indem die menschliche Seite eines Konflikts gezeigt wird, Menschen in Machtpositionen dazu bringt, ihren Einfluss positiv zu nutzen.

Nicole Tung, geboren 1986 in Hongkong, arbeitet seit 2009 als Fotojournalistin. Sie ist freiberuflich für die *New York Times*, das *Wall Street Journal* und *Time* tätig und hat für ihre Arbeit zahlreiche Preise erhalten. Ab 2011 berichtete sie auch aus Syrien, wo ihr Kollege James Foley 2014 ums Leben kam.

Entscheidet man sich für diese Arbeit, ist man sich der Risiken bewusst – wir machen uns da nichts vor –, aber es ist unsere Verantwortung, die Wahrheit zu berichten, das ist wichtiger als die Gefahr. Häufig werden diejenigen, die den Konflikten neutral gegenüberstehen – die Journalisten –, dafür ermordet, die Wahrheit erzählen zu wollen. Wir sind zu Zielscheiben geworden. Aber wissen Sie was? Das motiviert mich nur noch mehr, denn sonst wären wir alle zum Schweigen gebracht. Wenn die Geschichten der Menschen unbeachtet bleiben, bleibt die Welt in Unkenntnis über ihr Leid – es lohnt sich, dagegen anzukämpfen.

Aus: Geoff Blackwell, Ruth Hobday, Kieran E. Scott: „200 Frauen: Was uns bewegt", 2017.

MARTHA GELLHORN

„Der Krieg war immer schlimmer,
als ich es in Worte zu fassen vermochte – immer."

Ob auch in Bosnien wieder mit ihr zu rechnen sei, wurde die große alte Dame der Kriegsberichterstattung gefragt. Anfang der 1990er Jahre ist Martha Gellhorn seit mehr als einem halben Jahrhundert im Einsatz, sie war in Spanien, Finnland, China, Deutschland, Vietnam, Israel und Mittelamerika. Wohl kaum jemand kennt den Krieg so gut wie sie, doch zum ersten Mal wird sie passen, denn sie sei, so sagt sie, „zu alt, man muss flink sein im Krieg". Von Ferne verfolgt sie das grausame Geschehen auf dem Balkan, und wäre sie inzwischen nicht deutlich über 80 und schwer krank, so wäre sie wohl noch einmal mitgezogen, als Teil jener „Vereinigung von Kassandras", wie sie sich und ihre KollegInnen bezeichnet, „die ich bei jeder Katastrophe wiedertraf". Unermüdliche Reporter des Schreckens, denen doch niemand so recht zuhören mochte, wie sie gelegentlich desillusioniert und ein wenig verbittert feststellt. „Sehr guter und wirksamer Journalismus ist wie Erziehung. Offenbar wollten die Menschen nicht lernen, weder aus eigenen Erfahrungen noch von anderen. Wenn sie durch die Hölle des Zweiten Weltkriegs nicht klüger wurden, wodurch dann?"

1908 in St. Louis, Missouri, als Tochter einer Frauenrechtlerin und eines Arztes geboren, hatte sich Martha Gellhorn früh entschlossen, Schriftstellerin zu werden. Die großen Werke, Dichtung sollten es sein, doch trotz fünf Romanen, 14 Novellen und einer ganzen Reihe von Kurzgeschichten wurde sie vor allem durch ihre Reportagen von den Kriegsschauplätzen dieser Welt so richtig berühmt. Und auch wenn sie diesen Journalismus nicht als ihre erste Wahl betrachtete, so war es schließlich doch eine Entscheidung aus tiefster Überzeugung.

„Kurz nach meinem einundzwanzigsten Geburtstag war ich nach Frankreich gegangen, um zu arbeiten, und hatte mich dort einer Gruppe junger französischer Pazifisten angeschlossen. Gemeinsam war uns unsere Armut und unsere Leidenschaft ... Wir glaubten, ohne französisch-deutsche Annäherung könne es keinen Frieden in Europa geben. Wir sahen die Sache ganz richtig, doch da kamen die Nazis." Von Deutschland über Italien bis Spanien greifen die Faschisten nach der Macht, was die überzeugte Pazifistin Martha Gellhorn, die seit Mitte der 30er Jahre in Stuttgart in der Weltkriegsbibliothek recherchiert, anfangs noch irritiert, irgendwann aber schwer besorgt zur Kenntnis nimmt. „Da saß ich nun und arbeitete in kläglicher Entschlossenheit an einem Roman über junge Pazifisten in Frankreich. Ich hielt mich einige Monate in Deutschland auf und diskutierte mit jedem, der noch zu diskutieren wagte,

Martha Gellhorn, geboren 1908, berichtete bereits aus dem Spanischen Bürgerkrieg – und danach aus den meisten Kampfzonen der Welt. Ihr Reportage-Band „Das Gesicht des Krieges" wird ‚die Bibel' späterer Generationen – von Janine di Giovanni bis Marie Colvin blicken ihre Nachfolgerinnen zu ihr auf. 1998 nahm sie sich, schwer erkrankt, das Leben.

über die Freiheit des Geistes ... Dann ging ich nach Amerika zurück, schrieb meinen Roman zu Ende, stopfte ihn auf Nimmerwiedersehen in eine Schreibtischschublade und machte mich reisefertig für Spanien. Aus einer Pazifistin war eine Antifaschistin geworden."

> „Da ich nun im Impressum stand, war ich offenbar Kriegsberichterstatterin. So fing das an."

Es geht ihr wie so vielen, vor allem jüngeren Menschen, ihrer Zeit. In Scharen melden sie sich aus den unterschiedlichsten Ländern in Spanien, um aufseiten der Republikaner, denen General Francos Faschisten die gewonnene Wahl mit Waffen streitig machen, für die Freiheit und für Demokratie zu kämpfen. George Orwell, André Malraux und andere Schriftsteller und Intellektuelle mischten sich unter die rund 40.000 Freiwilligen der Internationalen Brigaden, die den Vormarsch der Nationalisten unter Franco stoppen wollten. Für Martha Gellhorn reichte der Auftrag noch weiter: „Ich war damals (und bin noch heute) der Meinung, daß die westlichen Demokratien zwei zwingende Verpflichtungen hatten: Sie mussten ihre Ehre retten, indem sie einer jungen, angegriffenen Schwesterdemokratie beistanden, und sie mußten ihre Haut retten, indem sie Hitler und Mussolini unverzüglich in Spanien bekämpften, statt bis zu einem späteren Zeitpunkt zu warten, an dem der Preis an menschlichem Leiden unvorstellbar viel größer war." Tatsächlich entschieden sich die westlichen Demokratien in den 30ern fürs Abwarten.

Martha Gellhorn, die es als ihre Pflicht ansah, für die Demokratie einzutreten, reiste im Frühjahr 1937 nach Barcelona, ausgestattet mit einem Briefchen eines Redakteurs der Wochenzeitschrift *Collier's*, der ihr bescheinigte, sie sei als Sonderkorrespondentin entsandt worden. Ein reiner Freundschaftsdienst. Ihren ersten Artikel, „Nur die Granaten heulen", lieferte sie ohne Auftrag und ohne Hoffnung, dass er jemals veröffentlicht würde. „... ich hatte ja diesen Brief, also kannte ich die Adresse von *Collier's*. Man akzeptierte den Text und setzte nach meinem nächsten Artikel meinen Namen ins Impressum. Das erfuhr ich durch Zufall. Da ich nun im Impressum stand, war ich offenbar Kriegsberichterstatterin. So fing das an." Immerhin, als Journalistin hatte sie erste Erfahrungen und bereits von Paris aus für United Press und die US-*Vogue* geschrieben. Ende März trifft sie in Madrid ein und begegnet dort Ernest Hemingway wieder. Die beiden hatten sich in den Weihnachtsferien zufällig in Key West kennengelernt, nun beziehen sie im Hotel Florida zwei nebeneinanderliegende Zimmer und beginnen nicht nur eine berufliche Partnerschaft. Platinblond, groß, tough und unkonventionell, war Martha Gellhorn eine auffallende Erscheinung. Doch was sie umso mehr hervorhob, waren ihre Energie und ihr energisches Auftreten. Einer Freundin schreibt sie einmal, sie sei grundsätzlich fürs Weitermachen. „Irgendwie. Man lernt durch Taten, nicht durch Herumsitzen und Beschau seiner eigenen Innereien." Widerstände, das sollte Hemingway noch lernen, halten sie jedenfalls nicht auf.

Schon bald hat sie ihre ganz eigene Art, über den Krieg zu berichten. Ihr besonderer Blick gilt den ganz einfachen Menschen, den Menschen mit ihren Lebensmittelkarten, die stundenlang für ein winziges Stück Fisch anstehen, das für zwei Wochen reichen muss. „Die Frau mit den grauen Haaren, dem grauen, ausdruckslosen Gesicht und den erschöpften Augen nimmt sich ihr Stück Fisch. Sie hält es einen Moment in der Hand und schaut es an. Alle schauen sie es an und sagen nichts." Und immer wieder rückt sie die jüngsten Opfer in den Mittelpunkt, die sie, wie in Barcelona, in Krankenhäusern besucht. „Die Kinder sahen aus wie Spielzeugpuppen, bis man näher kam – winzige weiße Gestalten, mit Kissen aufgerichtet, eingewickelt in Verbände, und die kleinen blassen Gesichter lugten hervor, die großen schwarzen Augen starrten einen an, die kleinen Hände spielten über den Laken. Im ganzen Pavillon lag nicht ein einziges Kind wegen einer normalen Krankheit, Mandeln etwa oder Polypen, Schleimhautentzündung, Blinddarm. Diese Kinder waren alle verwundet."

Sie spricht von Paco, vier Jahre alt und bei einem Bombenangriff schwer am Kopf verletzt, und von Manuela, 17 Monate, die ihre Finger greift und nicht mehr loslassen will. Und ihre Hilflosigkeit, als das Mädchen plötzlich weint. „Hatte ich etwas falsch gemacht? ‚Nur Hunger', sagte die Schwester." Schwer verwundet, gibt es für die kleinen Patienten kaum etwas zu essen, dazu die Bombenangriffe, mitten in der Nacht, wie die Krankenschwester klagt: „Wenn die Kinder die Sirenen hören, drehen sie durch, versuchen aus ihren Betten zu steigen und wegzulaufen ... Sie erinnern sich alle, was mit ihnen passiert ist, und das macht sie ganz verrückt."

Als Russland 1939 in Finnland einmarschiert und die Hauptstadt Helsinki bombardiert, ist sie dabei, als einige der wenigen BerichterstatterInnen vor Ort

Zwei Jahre lang wird sie ihre Artikel aus Spanien schicken, 1938 geht sie nach Prag, berichtet über die Zerschlagung der Tschechoslowakei, 1939 dann Finnland, auch wenn Hemingway sie nicht gehen lassen wollte. Dreieinhalb Monate, von Ende November bis Mitte März, dauert dieser Krieg, angezettelt von Stalin, der damit die Grenze zu Russlands Gunsten verschieben will. Martha Gellhorn ist eine von wenigen JournalistInnen, die sich für das kleine Land interessieren, sie hat ihre Augen und Ohren überall. Bomben auf Helsinki, die Angst vor Giftgas, die Verschickung der Kinder aufs Land, die alten Damen, die sich in die eisigen Wälder geflüchtet hatten und nun in Sicherheit gebracht werden. „Sie sprachen ein sauberes, gespreiztes Gouvernanten-Englisch ... und sagten, ja, sie wollten jetzt einen Zug nehmen, und nein, sie wüßten nicht, wo sie hinfahren würden, aber das sei kein Problem, sie würden schon einen Bleibe finden. Es sei ziemlich hart in den Wäldern gewesen, aber jetzt hätten sie es überstanden."

Martha Gellhorn berichtet von russischen Behauptungen, man wolle das Volk der finnischen Brüder nur von der kleinen Bande finnischer Reaktionäre an der Staatsspitze befreien. Erschütternde Gerüchte, die russische Armee wolle die Hauptstadt in Schutt und Asche legen. Und je näher die Reporterin der Kampfzone kommt, „um so dichter wurde die Flüchtlingsflut auf den Straßen. Die Flüchtlinge, meist alte Leute, fuhren in diesem weißen, tödlich kalten Land mit dem Schlitten, zusammengekauert über ihren Taschen und Bündeln".

Ihre bittere Erkenntnis und letzte Lektion in Sachen Realität, wie sie sagt: „Politische Realität und politische Moral haben nichts miteinander zu tun."

Inzwischen ist der Zweite Weltkrieg entbrannt, und Martha Gellhorn, die das Unheil lange kommen sah, hadert und klagt an. „Es kostete keine Überwindung, den Feind zu hassen und zu fürchten. Wenn darin das einzige Problem bestanden hätte, so wäre es ein leichter Krieg geworden, denn der Feind war gänzlich und zutiefst böse. Aber da war auch noch unsere Seite, und das Bild, das wir abgaben, war keineswegs strahlend und bewundernswert. Unseren Führern konnte man nicht ungeteilte Loyalität entgegenbringen, bei weitem nicht. Wir waren schuldig der gemeinen Preisgabe Spaniens und des raschen, billigen Verrats der Tschechoslowakei. Todgeweihten Juden bereiteten wir bürokratische Schwierigkeiten und verweigerten das Asyl; wir überprüften und wiesen Antifaschisten zurück, die vor Hitler flohen, um ihr Leben zu retten; leere Versprechungen und häßliche Opportunismen waren bei uns an der Tagesordnung – man denke an die unsterblichen Worte von E.M. Forster: ‚Ein zweifach Hoch auf die Demokratie!' Zu mehr als einem zweifachen Hoch reichte es nicht. Ich lernte meine letzte Lektion in, wie man so sagt, Sachen politischer Realität ... Es war eine wichtige Lektion für mich, denn ich beschloß, nun lange genug ein und dieselbe Sache immer wieder gelernt zu haben, nämlich: Politische Realität und politische Moral haben nichts miteinander zu tun. Die Politik muß wirklich ein schmutziger Beruf sein, wenn man sich ansieht, was für schreckliche moralische Feiglinge die meisten Politiker werden, sobald sie einen Posten bekommen. Es ist sinnlos, in einer Demokratie die Schuld auf die Führer abzuwälzen, denn wir bringen sie ja erst dorthin, wo sie sind, und sind sie einmal dort, gilt für sie das Gesetz: Macht verdirbt."

Mit Ehemann Ernest Hemingway und einheimischen Begleitern in China. Ein Auftrag führte Martha Gellhorn 1941 mitten in den Japanisch-Chinesischen Krieg, danach geht es Richtung Deutschland.

Bevor sie sich 1943 schließlich den amerikanischen Truppen anschließt, um über die Befreiung Europas und das Ende der Nazi-Herrschaft zu berichten, macht sie schnell noch einen Abstecher über Honolulu nach China. Von dort soll sie für *Collier's* über die chinesische Armee und deren Verteidigungsmaßnahmen gegen Japan informieren. Ernest Hemingway im Schlepptau, den sie nur noch den Unwilligen Begleiter nennt, lässt sie sich durch Reisfelder, über Berge und noch unwegsameres Gelände führen, auf Pferden, kleinen Booten, Lastern und mit klapprigen Flugzeugen, sie diskutiert und trinkt einen General und mehrere Offiziere unter den Tisch. Ihr Fazit der Reise: „Die Japaner können China niemals mit Gewalt erobern."

Ihren Unwilligen Begleiter Hemingway hatte sie 1940 geheiratet, allerdings wird sie ihn fünf Jahre später auch wieder verlassen. Da macht er sie längst als den „ehrgeizigsten Mensch, den es je gegeben hat" nieder, wahlweise auch als „talentfrei, aber mit dem Ehrgeiz Napoleons". Sie selbst wird später über ihn sagen: „Er brauchte mich für den Haushalt und um auf mir zu kopulieren ... und um ihn mit täglichem Tennis fit zu halten. Es gab weder Spaß noch Kommunikation, gar nicht. Wenn ich das Gefühl hatte, vor Einsamkeit und Langeweile verrückt zu werden, habe ich mich in einen Krieg davon geschlichen: vier Mal. Um überhaupt zu leben, habe ich geschrieben." In Interviews wird sie nicht mehr über ihn sprechen und bis zum Lebensende jeden mit ihrem Zorn verfolgen, der ihr über den weltberühmten Autor und Nobelpreisträger dennoch etwas entlocken möchte. „Ich war Schriftstellerin, bevor ich ihn traf, und ich bin seitdem 45 Jahre Schriftstellerin. Warum sollte ich in irgendjemandes Leben eine Fußnote sein?"

Hartnäckig bringt sie sich weiterhin in Stellung, berichtet als einzige weibliche Reporterin vom D-Day, aus Holland, von der Ardennenschlacht, aus England, schließlich aus Deutschland. Sie wird ein Teil der Invasion, bangt mit den amerikanischen „Bomber-Boys", die in den schwärzesten Nächten von Englands Küste aus über den Ärmelkanal geschickt werden, um Gleise zwischen Frankreich und Italien zu bombardieren und so den deutschen Nachschub zu stören. Und sie leidet mit den Verwundeten auf einem riesigen Lazarettschiff, die nach England in Sicherheit gebracht werden sollen und während der Überfahrt jede Minute mit deutschem Beschuss rechnen müssen – „ein Schiff mit einer Ladung Schmerz, auf dem jeder auf das Tageslicht wartete, jeder auf das Lichten des Ankers hoffte, jeder sich nach England sehnte. Das war es auch, aber es war noch etwas anderes; es war ein sicheres Schiff, einerlei, was ihm zustoßen mochte. Wir waren zusammen und wir bauten aufeinander".

„Ich berichtete, was ich sah,
und Haß
war die einzige Reaktion,
die solche Anblicke hervorrufen konnten."

Von November 1943 bis nach dem Zusammenbruch Nazi-Deutschlands und der Befreiung der Konzentrationslager wird sie dabei sein. Ihre Artikel, so resümierte sie später, „sind in keiner Weise adäquate Beschreibungen des unbeschreiblichen Kriegselends. Der Krieg war immer schlimmer, als ich es in Worte zu fassen vermochte – immer ... Ich berichtete, was ich sah, und Haß war die einzige Reaktion, die solche Anblicke hervorrufen konnten". Auch hier besucht sie Krankenhäuser, wie in Nimwegen. „Im Keller ... liegen die verwundeten Kinder in kleinen Eisenbetten ... manchmal ist das Kind so winzig, dass man denkt, das weiße Bettchen wäre leer. Einem dünnen, kleinen Mädchen von vier Jahren hatten Granatsplitter beide Arme gebrochen, und ein Granatsplitter war ihm aus der Seite, ein anderer aus dem Kopf geschnitten worden. Alles, was man von ihm sehen konnte, war ein winziges, weiches Gesicht mit riesigen dunklen Augen, die dich anschauten, und die Arme wie Blütenstengel in Schienen und der Verband um den Kopf, der beinahe so groß war wie es selbst. Es würde niemals begreifen, was geschehen war oder was für eine Welt das war, die ein kleines Mädchen von vier Jahren so verwunden konnte, ein Mädchen, das im Garten seines Hauses gespielt hatte, wie kleine Mädchen in allen Gärten der Welt eigentlich spielen können sollten."

Nach dem Zweiten Weltkrieg zieht sie sich zurück, schreibt Romane, lebt ein friedliches Leben – dann kommt Vietnam, und sie will wissen, was Amerika wirklich anrichtet

1945 ist sie im befreiten Konzentrationslager Dachau, wo ein Arzt sie über die grausamen Experimente an Menschen informiert, die zu 100 Prozent tödlich verliefen. Später schreibt sie: „Ich weiß nicht, wie ich es erklären soll, aber neben der schrecklichen Wut, die man empfindet, schämt man sich. Man schämt sich für die Menschheit." Es ist in Dachau, wo sie schließlich vom Ende des Krieges erfahren wird. „Wir saßen in diesem Zimmer, in diesem verfluchten Friedhofsgefängnis, und niemand hatte noch etwas zu sagen. Dennoch erschien mir Dachau als der passendste Ort in Europa, um die Nachricht vom Sieg zu hören. Denn gewiß wurde dieser Krieg geführt, um Dachau und alle anderen Orte wie Dachau und alles, wofür Dachau stand, abzuschaffen, und zwar für alle Zeiten."

Im Jahr 1946 berichtet sie von Java aus vom indonesischen Unabhängigkeitskrieg. Dann geht sie zu den Nürnberger Prozessen gegen Göring, Heß, Ribbentrop und all die anderen Nazi-Größen. „Man saß da und beobachtete sie und fühlte innerlich eine solche Entrüstung, daß man fast daran erstickte. Diese einundzwanzig Männer, diese Nichtse, diese emsigen und einst so selbstsicheren Ungeheuer waren von der kleinen Bande, die Deutschland beherrscht hatte, die letzten, die noch am Leben waren."

Irgendwann ist es zu viel, Martha Gellhorn zieht sich zurück, nach Mexiko, Italien, London und Ostafrika, herrliche Orte zum Leben, wie sie sagt. „Was mich anbelangte, so hatte ich genug Leichen, Flüchtlinge und zerstörte Dörfer gesehen, noch mehr konnte ich nicht ertragen. Es war nutzlos, den Leute weiterhin zu erzählen, was Krieg bedeutete, da sie ihn immer noch gehorsam hinnahmen." Sie schreibt Romane und journalistische Artikel, sie lebt ihr friedliches Leben. Längst ist sie Vorbild für Generationen von Journalistinnen nach ihr. Als Janine di Giovanni nach Sarajevo ging, um über den Bosnien-Krieg zu berichten, habe sie ein einziges Buch dabei gehabt: „The Face of War" von Martha Gellhorn. „Sie hatte diesen einzigartigen Blick für Details, sie konzentrierte sich auf die menschliche Seite des Krieges, aber sie schaffte es, das ganze große Bild darin unterzubringen."

Dann kommt Vietnam. Martha Gellhorn ist fast 60 Jahre alt, und sie zieht wieder los. „Ich hätte mich niemals dazu entschlossen, mich noch einmal auch nur in die Nähe eines Krieges zu begeben, wenn nicht mysteriöserweise mein eigenes Land angefangen hätte, einen nicht erklärten Krieg zu führen." Doch schließlich „ging ich doch nach Südvietnam, um, da man es von niemandem erfuhr, selbst herauszufinden, was mit dem stummen vietnamesischen Volk geschah". Im Auftrag des *Guardian* besucht sie Saigon, wo sie mithilfe von Empfehlungsschreiben die „Schranke des Schweigens" passiert, von vietnamesischen Zivilisten mit Tee bewirtet wird und sich deren Schicksale erzählen lässt. Und natürlich besucht sie die Krankenhäuser, wie in allen Kriegen. „Auf dem Bett neben der Tür liegt ein von Napalm verbrannter Junge. Er ist sieben Jahre alt und so groß wie ein Vierjähriger bei uns. Ihm wurden Gesicht, Rücken, Gesäß und eine Hand verbrannt ... Seine verbrannte Hand ist ausgestreckt wie ein Seestern." Napalm, Phosphor, Agent Orange, die Amerikaner setzen ihre abscheulichsten Waffen ein, die sich auch gegen die Kinder richten. Sie sei Zeuge des modernen Krieges in neun Ländern gewesen, schreibt Martha Gellhorn fassungslos, aber einen Krieg wie den in Südvietnam habe sie noch nie gesehen.

„Die Präsidenten scherten sich nicht um meinesgleichen, als sie den Bürgern unbekümmert eine lebenslange Last der Schande aufluden."

Jahre später macht sie eine Statistik des Grauens auf. Danach kamen in Vietnam 58.022 Amerikaner ums Leben, 300.000 wurden verletzt, „und der Krieg schlug eine Wunde ganz besonderer Art: das Trauma – Männer, die körperlich unversehrt zurückkamen, aber mit ihren Erinnerungen, mit sich selbst, nicht leben konnten, die geistig Verwundeten". Die Zahl der einheimischen Opfer kann nur geschätzt werden, sie spricht von zwei Millionen getöteten Vietnamesen, 4,5 Millionen Verletzten, 6,5 Millionen Geflüchteten, 300.000 Waisenkindern. „Mir sind keine Daten bekannt, die die Zustände in Nordvietnam beschreiben, aber zehn Jahre Flächenbombardement müssen das gleiche Leid angerichtet haben." Die große Mehrheit der US-Soldaten, die im fernen Asien kämpften, so klagt sie an, seien zwangsweise eingezogen worden, es „waren die am wenigsten privilegierten Bürger Amerikas, die nicht für die Dauer eines Studiums vom Vietnamkrieg freigestellt wurden". Es ist ihr ganz persönliches Trauma, das sie beschreibt: „Es ist fast einundzwanzig Jahre her, daß ich in Vietnam war, und ich habe nichts davon vergessen, und werde es auch nie, weil ich Amerikanerin bin. Die Präsidenten scherten sich nicht um meinesgleichen, als sie den Bürgern unbekümmert eine lebenslange Last der Schande aufluden."

Mit 81 Jahren berichtet sie zum letzten Mal, von der US-Invasion in Panama

Knapp 60 ist sie, als sie im Sechstagekrieg ihre Reportagen aus Israel schickt, weit über 70, als sie aus den Kriegsgebieten in El Salvador und in Nicaragua berichtet, mit 81 dann über die US-Invasion in Panama. Ihr Vertrauen in die Politik der Mächtigen ist ihr längst abhandengekommen, doch sie gibt nicht auf. 1983 zitiert sie in einer ihrer Reportagen Nadeschda Mandelstam, eine jüdische Autorin, die lange in der Ukraine gelebt hatte und von Stalin verfolgt worden war, mit den Worten: „Wenn du nichts anderes tun kannst, mußt du schreien."

Im Alter zieht sie sich nach London zurück, an Krebs erkrankt, fast erblindet, wo sie sich mit knapp 90 Jahren das Leben nimmt. Immer wieder hat sie ihre Kriegsreportagen in einem Buch noch einmal neu herausgebracht, energisch und akribisch bis zuletzt. Reportagen über „Das Gesicht des Krieges", die sie auch als eine Abrechnung mit den Führern der Welt versteht, denen sie nichts mehr durchgehen lässt. Sie werde sich „auf dieser hirnverbrannten Straße ins Nichts kein Stück mehr weitertreiben lassen, ohne meine Stimme zum Protest zu erheben. Mein NEIN wird so wirksam sein wie ein Grillenzirpen. Mein NEIN ist dieses Buch."

CAROLIN EMCKE

Zorn ist ein Luxus, den man sich erst in Freiheit leisten kann

Die serbischen Truppen sind in der Nacht zuvor abgezogen, die NATO-Truppen passieren mit ihren Panzerfahrzeugen den verlassenen serbischen Posten. Die knirschenden Kettenräder wirbeln Staub auf und tauchen alles in eine graugelbe Wolke. Die ungeduldigen albanischen Sieger, die gar nicht an sich halten können vor Freude und Sehnsucht, wollen schneller vorankommen, als es der langsame Konvoi der Armeefahrzeuge vor ihnen zulässt. Zu Tausenden stehen sie wartend in ihren Wagen und Traktoren am Rand und sehen, wie sich die Karawane der westlichen Helfer an ihnen vorbeiwindet auf der Passstraße hoch nach Molina und dann durch das Nadelöhr des ehemaligen Checkpoints.

Hunderte stehen an der Schranke, hinter dem Stacheldraht, und die Unruhe treibt sie mehr und mehr herunter von der sicheren asphaltierten Straße. Rechts und links der Grenzanlagen haben die serbischen Verlierer kleine Willkommensgeschenke für die albanischen Rückkehrer ins verdorrte Gras und Gebüsch platziert: Glücklicherweise ist der Sommer ein freundlicher Helfer, und so ist der versteckte Tod doch erkennbar, weil sich das Grün oder Grau der Minen etwas dunkler abhebt vom ausgebleichten, vertrockneten Boden.

Am Grenzübergang tanzen die Kosovo-Albaner in den winzigen Büroräumen der ehemaligen serbischen Feinde. Bald bersten Scheiben. Die vormals unterdrückte Furcht der Opfer bahnt sich ihren Weg: Die tumbe, stumme Hilflosigkeit der Männer, die verdammt zum Nichtstun in den Lagern in Albanien auf der Erde hockend, gierig an den Stummeln ihrer Zigaretten gesogen hatten, sie entlädt sich nun in der Freude an der Macht der Zerstörung. Stühle werden umgestürzt, Tische zerstört. Eine jaulende Menge, jubelnd über den Sieg und weinend über den Preis zugleich. Wütend über die Demütigung erst jetzt, da sie vorbei ist.

Zorn ist ein Luxus, den man sich erst in Freiheit leisten kann. In einer Ecke, neben dem Grenzhäuschen an einer Mauer, liegt ein Blechhaufen, unbeachtet von der johlenden Menschenmenge, die sich durch den Checkpoint presst. Zwischen den Splittern aus Glas, überdeckt mit Staub, liegen Hunderte Auto-Nummernschilder. Die Ecken verkantet, abgerissen von der Plastikverankerung der Autos.

Nicht genug, dass die Kosovo-albanischen Frauen und Kinder von den Höfen und aus den Dörfern gezerrt und vertrieben wurden, nicht genug, dass ihnen auf der Strecke marodierende Banden der serbischen Miliz ihre Wertgegenstände, Schmuck, Ringe und das spärliche Bargeld geraubt hatten. Auf dem letzten Posten, bevor sie in ein fremdes Land verjagt wurden, vollendeten die serbischen Grenzpolizisten die Arbeit und nahmen den Flüchtlingen auch noch den letzten Nachweis dafür ab, dass sie jemals in der jugoslawischen Provinz Kosovo zu Hause gewesen waren. Sämtliche Personalausweise, Grundbucheintragungen und Besitzzertifikate, die die Vertriebenen in weiser Voraussicht mitgenommen hatten auf ihrer Flucht, wurden einkassiert – und die Nummernschilder, die die Wagen oder Traktoren im Kosovo registriert hatten, abmontiert.

Diese perfide Strategie war mehr als nur *symbolische* Gewalt, es ging nicht allein um eine Demonstration der Macht oder um die Demütigung der ohnehin Schutzlosen in dieser sich ewig wiederholenden Szene am Grenzposten. Ob die Beamten an der Grenze auf Befehl der nächsthöheren Instanz agierten oder ob es sich um eine Maßnahme allein an diesem Übergang handelte, vermag ich nicht zu sagen. Aber die Aktion war systematisch genug, um die Absicht durchscheinen zu lassen: Nie sollten die Flüchtlinge ein Recht auf Rückkehr behaupten können. Keinen Beweis ihrer Heimat im Kosovo sollten sie retten können.

Aus: Carolin Emcke: „Von den Kriegen. Briefe an Freunde“, 2004.

Carolin Emcke, geboren 1967, reiste als Auslandsredakteurin des *Spiegel* zwischen 1998 und 2006 in viele Krisengebiete der Welt, u.a. Afghanistan, Pakistan, Kosovo, Irak, Kolumbien, Libanon, und war im Anschluss bis 2014 als internationale Reporterin für *Die Zeit* unterwegs. Seit 2014 ist sie als freie Publizistin tätig. 2016 wurde sie mit dem Friedenspreis des Deutschen Buchhandels ausgezeichnet.

ORIANA FALLACI

„Ich bin hier, um etwas zu beweisen,
woran ich glaube, daß der Krieg unnütz ist und dumm."

Oriana Fallaci, geboren 1929, war bereits als Jugendliche im antifaschistischen Widerstand aktiv und später die bekannteste italienische Journalistin des 20. Jahrhunderts. Ihre Interviews mit den Mächtigen wie Ayatollah Chomeini oder Golda Meir waren legendär. Zu ihren wichtigsten, in 20 Sprachen übersetzten Büchern zählen: „Wir, Engel und Bestien", „Ein Mann", „Inschallah" sowie „Die Wut und der Stolz". Nach den Terroranschlägen von 2001 schrieb sie gegen einen radikalen Islam an – streitbar wie in jungen Jahren. Sie starb 2006 in Florenz.

Sie hat bereits drei Bestseller veröffentlicht, für ihre Interviews und Reportagen fast die ganze Welt bereist, ist mit Schauspielgrößen wie Ingrid Bergman und Orson Welles befreundet und auf dem besten Weg, als Journalistin selbst zum Star zu werden. Doch Oriana Fallaci macht sich nicht viel aus Glamour und Hollywood. Mehr als alles andere interessiert sich die Autorin für Politik und für die Mechanismen der Macht, empört sie sich über Unterdrückung und Ungerechtigkeit. Oriana Fallaci will, wie so einige Journalisten in diesen Zeiten, nach Vietnam. Und da ihr Chef, der Herausgeber der Wochenzeitung *L'Europeo*, ihr längst freie Hand lässt, landet sie im November 1967 in Saigon, im Süden eines Landes, in dem seit mehr als zehn Jahren Krieg herrscht. Sie landet dort, wie sie später sagen wird, um eine Antwort auf die Frage zu finden, „was das Leben sei, und um jene Tage wieder wachzurufen, in denen ich allzufrüh gelernt hatte, daß die Toten niemals wieder lebendig werden im Frühling".

Was es sein kann, dieses Leben, und was sie sonst erfahren, erlitten, gelernt hat, schreibt Oriana Fallaci in unzähligen Berichten von der Front. Vor allem aber in ihrem Buch „Wir, Engel und Bestien", einer mehr als 300 Seiten starken Reportage über ihre Erlebnisse in einem grauenvollen Krieg, der ein Land verwüstet, in dem drei Millionen Menschen sterben und der den Glauben einer ganzen Generation an Vernunft und Menschlichkeit erschüttert. Ein Krieg, über den sie sagt: „Der Tod überschwemmte uns wie ein Dauerregen, hing an uns wie ein Schatten auf all unseren Wegen, bei allem unseren Tun."

Oriana Fallaci, geboren im Sommer 1929 in Florenz, ist ein Kriegskind. 1940 schließt sich Italien unter Benito Mussolini Nazi-Deutschland an, was viele Menschen im Land entsetzt und in den Untergrund treibt. Auch Fallacis Eltern, beide politisch wach, aufrechte Antifaschisten und bald Teil der Resistenza. Der Vater, ein Holzschnitzer mit kargem Einkommen, agiert als Anführer der örtlichen Widerstandsgruppe und bindet die älteste Tochter, die er streng und zur Furchtlosigkeit erzieht, in seine Aktivitäten mit ein.

Was wohl in ihr vorgegangen ist? Gerade mal im Teenageralter – und unterwegs als Kurier für die Partisanen. Vorne am Fahrradlenker flattert der Wimpel mit Hakenkreuz, hinten auf dem Gepäckträger transportiert sie Lebensmittel,

Flugblätter, Untergrundschriften, gelegentlich eine Handgranate, in einer leeren Salatschüssel verborgen. Auch als Mädchen könne man dienen, so die Einstellung des Vaters. Und überhaupt, eine schmächtige Schülerin mit braven Zöpfen, wer sollte da schon misstrauisch werden. Sie macht ihre Sache geschickt, und doch geht es nicht lange gut. Im Februar 1944 wird Edoardo Fallaci denunziert und bei einer Razzia geschnappt, eingesperrt, gefoltert. Als die Familie ihn im Gefängnis besucht, erkennen ihn anfangs weder Frau noch Töchter, so sehr ist sein Gesicht von Schlägen entstellt. Doch er wird nicht gestehen, nichts verraten. Nach ein paar Wochen ist er wieder draußen und führt seine Mission weiter, versteckt Desertierte und organisiert den Widerstand. „Alles, was ich bin, alles, was ich von Politik begriffen habe, das bin ich und habe ich begriffen während der Resistenza", sagt Oriana Fallaci später.

Unter dem Decknamen „Emilia" wird sie nach Kriegsende aus der Armee entlassen

Erst im August 1944 ist die Stadt befreit, bis dahin heulen fast täglich die Sirenen, werfen Flugzeuge ihre Bomben ab, versuchen die Menschen, sich in Kellern in Sicherheit zu bringen. Wo der Vater, als ihr einmal vor Angst und Entsetzen die Tränen kommen, ihr eine Ohrfeige verpasst. „Ein Mädchen weint nicht!" Im Spätsommer wird Oriana, Deckname „Emilia", als einfache Soldatin aus dem Freiwilligen-Korps der Armee verabschiedet. Sogar ein Entlassungsgeld gibt man ihr mit, wovon sie neue Schuhe für sich und die beiden jüngeren Schwestern kauft. Der Krieg ist vorbei – doch für Oriana Fallaci sollte es nicht der letzte sein.

Vietnam, Kambodscha, Libanon, Palästina, Irak, Mexiko, wo immer Menschen sich mit Waffen gegenüberstehen, wo immer Repression und Machtmissbrauch herrschen, wird die italienische Journalistin berichten. Doch erst einmal schließt sie, als Klassenbeste, die Schule ab. Mit 17 hat sie ihr Abitur und beginnt ein Medizinstudium. Eigentlich will sie Schriftstellerin werden, doch die Eltern, wenn auch sehr belesen, winken ab. Brotlose Kunst. Und was Armut heißt, wissen beide nur zu gut. Dass die Bücher ihrer Tochter eines Tages weltweit in mehr als 20 Sprachen übersetzt werden, sollen sie noch erleben.

Nachdem sie das Studium recht schnell wieder aufgegeben hat, stürzt sie sich – sozusagen ein Kompromiss zur Schriftstellerei – in den Journalismus. Hartnäckig, fleißig, begabt, landet sie bald in Rom und dort bei der Wochenzeitung *L'Europeo*, wo sie sich nach und nach ihre Freiräume erkämpft. Im Herbst 1956 ergattert sie den Auftrag, vom Aufstand in Ungarn für politische Reformen und gegen den Kommunismus zu berichten.

Sie ist 27 Jahre alt, vor Ort auf sich allein gestellt, doch Gefahren und Krieg sind ihr nicht neu. Von Wien aus versucht die Reporterin, über die Grenze zu kommen, was auch gelingt, doch nach ein paar Kilometern ist Schluss. Sowjetische Truppen haben das Land besetzt und schießen jeden Widerstand nieder. Nach Österreich zurückgekehrt, besucht sie ein Flüchtlingslager – und schickt einen erschütterten Bericht über die Situation der Ungarn nach Hause. „Wer ... den Kampf eines Volkes ignorieren will, das im Sterben liegt, der komme hierher nach Wien und werfe einen Blick auf das, was passiert." Auch sie selbst blickt nun anders auf das Leben und auf ihren Beruf. „Es war eine wichtige Erfahrung. Wie eine Rückkehr zu den heldenhaften Zeiten der Resistenza, als könnte man noch einmal die Luft von damals atmen." Für die Autorin Cristina De Stefano, die 2013 die erste Biografie über die dann längst verstorbene Journalistin schreiben wird, ist klar: „Genau in diesem Moment wird die Kriegsberichterstatterin Oriana Fallaci geboren." Gut zehn Jahre später ist sie in Vietnam.

Bei ihrer Ankunft im Herbst 1967 zählt sie zehn ihrer KollegInnen, die in den letzten zwei Jahren dort ums Leben gekommen sind. Und weil sonst niemand daran denke, wie sie sagt, nennt sie in ihrem Buch einen nach der anderen. Von „Pieter Ronald Van Thiel, von den Vietkong im Süden Saigons erschossen", bis zu „Felipha Schuler, im Hubschrauber, der sie nach Da Nang bringen sollte, durch MG-Beschuss ums Leben gekommen". Dazu an die 30 Verletzte, allein im Jahr 1967. So wie die französische Fotografin Catherine Leroy, die im Mai von 18 Mörsersplittern getroffen wurde und die trotz ihrer Verwundungen geblieben ist. Oriana Fallaci, die so unbedingt nach Vietnam wollte, weiß, was ihr drohen kann: „Es ist nicht leicht. In mir ist die Angst, ich habe eiskalte Hände und Füße, und sie läßt nicht von mir ab."

„Nichts ist mehr da. Nur Trümmer,
unterteilt von einem Fluß.
Die Brücke, die einst zur Zitadelle führte,
versinkt lotrecht darin."

Bis zum Juni des nächsten Jahres hält sie aus in diesem Krieg, von ein paar kurzen Unterbrechungen abgesehen. Sie erlebt die Tet-Offensive des Vietcong in Saigon und reist dann nach Huế am südchinesischen Meer, das man mal als das Florenz Asiens pries, und das sie als die wahre Hölle erlebt, als die Kriegsparteien sich dort einen Häuserkampf liefern und die Stadt fast komplett zerstören. An die 6.000 Soldaten, fast 3.000 Zivilisten werden getötet, Zehntausende obdachlos. Oriana Fallaci beschreibt das Trauma, tief erschüttert und doch in jedem Detail. „Nichts ist mehr da. Nur Trümmer, unterteilt von einem Fluß. Die Brücke, die einst zur Zitadelle führte, versinkt lotrecht darin wie ein durch-

Die Reporterin unter Feuer. In Vietnam gerät Oriana Fallaci mehr als einmal in Todesgefahr, doch sie überlebt die Hölle, beinahe wie durch ein Wunder. Millionen werden in dem Krieg getötet.

schnittenes Schiff. Um vom einen Ufer zu anderen zu kommen, haben die Überlebenden eine Art Gurt aus Seilen und Bambus gespannt, darüber gehen sie im Gänsemarsch, einmal hin, einmal her. Der Gurt schwankt, weil er keine Stütze hat, die Überlebenden bewegen sich mit verzweifelter Vorsicht voran, Zentimeter um Zentimeter. Jeder trägt etwas, eine Matratze, ein Fahrrad, ein Kind. Die Angst, hinunterzustürzen, macht jedes Treiben zur Eile absurd, das Warten, bis man an die Reihe kommt, ist schon Agonie. Endlich kann ich hinüber, ich klammere mich an die Seile und erreiche das Nordufer, und was ich da sehe, läßt mich die schönen zerstörten Tempel, die in Schutt versunkenen Museen vergessen. Totengräber kommen an mit Plastiktüchern, die prall gefüllt sind mit menschlichen Gliedmaßen; Soldaten schleifen zusammengebündelte Leichen hinter sich her; Karren, beladen mit Körpern in den absurdesten Stellungen rollen vorbei, einer sitzt, einer scheint einen Purzelbaum zu schlagen. Das ist keine tote Stadt, das ist ein Leichenschauhaus. Plötzlich kommt eine Frau mit einem Spaten und einem Sack. Vielleicht zwanzig Jahre alt, klein und hübsch. Unter dem pagodenförmigen Hut hat sie ihr langes Haar mit einer Schleife zu einem Zopf gebunden. Sie geht auf eine Art Grabhügel zu, legt den Sack hin, gräbt in aller Ruhe. Gräbt zehn Minuten. Was sie sucht, ist gleich unter der Oberfläche. Jetzt hat sie ihn gefunden, läßt den Spaten fallen, kniet sich nieder, um ihn zu betrachten. Sie erkennt ihn, doch ihr Gesichtsausdruck verändert sich nicht. Mit ruhigen Fingern wischt sie ihm die Erde vom Gesicht, mit ruhigen Händen faßt sie ihn unter die Arme und zieht ihn heraus. Dann nimmt sie den Sack und schickt sich an, ihn hineinzuschieben. Ein schier unmögliches Unterfangen für eine so kleine Frau. Man hat den Eindruck, daß er nicht will, sich dagegen sträubt, als sei er noch am Leben. Mit Beharrlichkeit, während ihr der Schweiß herunterrinnt, schafft sie es trotzdem. Dann macht sie ihre Haarschleife ab, bindet den Sack damit zusammen, nimmt die Schaufel, trägt ihn fort, umhüllt von einer Wolke von Gestank. Ich stütze mich auf ein Stück Blech und muß mich übergeben, in einem fort übergeben, bis mich eine Stimme erlöst."

Die Reporterin spricht mit Zivilisten, mit Soldaten und mit dem „Monster von Saigon", sie hört allen zu, doch je mehr sie hört, umso öfter bleibt sie fassungslos zurück

Längst ist Oriana Fallaci ein Teil dieses Krieges. Sie steigt in einen Jagdbomber, erträgt Flakfeuer und Sturzflüge, denn „ich will wissen, was ein Mensch empfindet, wenn er auf einen anderen Menschen Bomben wirft", fliegt im Helikopter auf die Hügel von Dak To. Und nach den Kämpfen, die von morgens bis abends ununterbrochen getobt haben, fragt sie den Hauptmann, warum er diesen Beruf gewählt habe – und was er empfunden habe, als er kurz zuvor einen Menschen erschossen habe, der davor drei US-Soldaten mit einer Handgranate getötet hatte. Seine Antwort besteht aus einem einzigen Wort: „Angst". Sie lässt ihn sprechen von seiner Angst und schreibt dann auch: „Trotz all seiner Humanität ist er davon überzeugt, im Recht zu sein, wenn er auf diesem Hügel steht, der ihm ebenso wenig gehört wie die anderen Hügel und die Ebenen und die Flüsse, ist überzeugt, im Namen von Recht und Freiheit getötet zu haben, und er würde mich unschuldig-erstaunt ansehen, sagte ich ihm: Was für ein Recht, was für eine Freiheit?"

Sie schrammt am Tod vorbei, als sie einen grünen Pullover trägt, den ein Vietcong wegen der Farbe für eine Uniform hält und der zweimal auf sie schießt und knapp verfehlt, bevor einige Marines ihn töten. Sie gibt den US-Soldaten, die im Schnitt erst 19 Jahre alt sind, eine Stimme, sie spricht mit einheimischen Zivilisten und Militärs. Und führt ein langes Gespräch mit dem berüchtigten Polizeichef von Saigon, General Nguyễn Ngọc Loan. Er gilt als das „Monster dieses Krieges", seit ein Bild erschienen ist, das den Moment zeigt, in dem er einen Mann im karierten Hemd, dessen Hände auf dem Rücken gefesselt sind, erschießt. 1969 reist sie nach Nordvietnam, trifft dort Võ Nguyên Giáp, Politiker und legendärer Führer der Nordvietnamesischen Volksarmee, der im Jahr zuvor die Tet-Offensive befehligt hatte, bei der 80.000 Soldaten an die 100 Ziele im Süden angriffen und die Zigtausende Menschenleben kostete. Als sie das Land für wenige Wochen verlässt, wird sie von ihren eigenen Gefühlen überrascht. „Mir ist, als würde ich fliehen, desertieren, als sei es schuldhaft, in eine Welt zurückzukehren, wo man wegen eines einzigen Toten weint und keinen Kanonendonner hört."

„Ich bin hier, um die Menschen zu begreifen, um zu begreifen, was ein Mensch denkt und will, der einen anderen Menschen umbringt."

Oriana Fallaci wird wieder und wieder nach Saigon zurückkehren, aber auch neue Kriege erleben. 1970 bereist sie den Nahen Osten, die Gebiete der Palästinenser, Jordanien, sie spricht mit PLO-Führer Jassir Arafat und mit Golda Meir, von der sie sagt: „Ich mochte sie sofort." Vor allem wohl wegen dieses einen Satzes der israelischen Ministerpräsidentin: „Der Krieg ist eine riesige Dummheit." 1991 ist Fallaci während des Golfkriegs im Irak vor Ort, recherchiert in Beirut und schreibt einen Roman über den libanesischen Bürgerkrieg, „Inschallah", den sie den Menschen widmet, die bei „allen Massakern des einen immerwährenden Massakers Krieg" hingeschlachtet wurden. Und beinahe wäre sie selbst ums Leben gekommen, bei einer Revolte 1968 in Mexiko-Stadt, wo Hunderte getötet wurden, weil sie es gewagt hatten, gegen die geplanten Olympischen Spiele zu protestieren. Sie steht als Journalistin mittendrin, als aus einem Hubschrauber heraus eine MG-Salve in die Menge gefeuert wird. Ein deutscher Kollege neben ihr wird tödlich getroffen, sie selbst zweimal ins Bein und einmal in den Rücken getroffen. Die Militärs, die den Aufstand niederschlagen sollten, lassen sie stundenlang liegen, fast wäre sie verblutet.

In den 60ern wird die Journalistin und Autorin zur Ikone des Feminismus

Jenseits des Krieges avanciert Fallaci zur Bestsellerautorin, veröffentlicht einen Roman über ihren Mann, den griechischen Widerstandskämpfer Alekos Panagoulis. Ihr berühmtestes Werk ist der „Brief an ein nie geborenes Kind", ein feministisches Manifest ihrer Zeit. Einen Ehrendoktortitel widmet sie ihrer Mutter, „die nicht die Universität besuchen durfte, weil sie in einer Zeit, in der arme Frauen nicht studieren durften, arm war und eine Frau". Berühmt ist Oriana Fallaci für ihre Interviews, bei denen sie den Mächtigen Wahrheiten entlockt. Indira Gandhi, Fidel Castro, Willy Brandt, Muammar al-Gaddafi, Deng Xioping, Henry Kissinger. Im Interview mit Ayatollah Chomeini reißt sie sich vor Wut den Schleier vom Kopf. Irgendwann gilt es als Auszeichnung, von ihr interviewt zu werden. Die „Fallaci-Interviews" werden berühmt und ihr Stil wird an Journalistenschulen gelehrt.

Sie lebt in New York und glaubt, die Welt zu kennen, als 2001 zwei Flugzeuge ins World Trade Center gelenkt werden und Menschen vor dem ausbrechenden Feuer in den Tod springen. „Mein Gott, ich hatte gedacht, dass ich vom Krieg alles gesehen hätte ... Doch im Krieg hatte ich immer Menschen gesehen, die umgebracht wurden. Nie habe ich Menschen gesehen, die sich selber umbringen, indem sie sich ohne Fallschirm aus dem achtzigsten oder neunzigsten oder hundertsten Stock stürzen." Sie ficht ihren letzten Kampf, gegen einen radikalen Islam, und beklagt die „Feigheit der Europäer". Dass sie dafür kritisiert, angefeindet und bedroht wird, ist ihr egal. Als sie 2006 stirbt, wird die weltweit bekannte und anerkannte Journalistin in den Nachrufen dennoch gefeiert: als Legende, letzte Diva-Journalistin und Guerilla-Journalistin, als Rebellin, Moralistin und aufrechte Antifaschistin.

In Vietnam hatte sie sich und andere gefragt, warum sie überhaupt hier seien. Doch keiner und keine habe ihr die Antwort gegeben, die ihr richtig erschien: „Ich bin hier, um die Menschen zu begreifen, um zu begreifen, was ein Mensch denkt und will, der einen anderen Menschen umbringt, der ihn seinerseits umbringt. Ich bin hier, um etwas zu beweisen, woran ich glaube, daß der Krieg unnütz ist und dumm, daß er der tierische Beweis ist für die Idiotie der Erdenbürger."

„Für mich war es nicht so wichtig,
nur Berichte zu liefern,
als nach Korea zu kommen.
Ich hatte nämlich das Gefühl,
daß meine Stellung als Korrespondentin ...
auf dem Spiel stand."

MARGUERITE HIGGINS

MARGUERITE HIGGINS

Weibliche Korrespondenten sind in Korea genauso beliebt wie Flöhe

Noch im letzten Augenblick hatte Gibney [Frank Gibney, Korrespondent für *Time*] versucht, mich dazu zu überreden, nicht mitzufliegen. Seiner Meinung nach sei Korea nicht der geeignete Platz für eine Frau. Aber für mich war es nicht so wichtig, nur Berichte zu liefern, als nach Korea zu kommen. Ich hatte nämlich das Gefühl, daß meine Stellung als Korrespondentin für eine der größten Zeitungen der Welt auf dem Spiel stand. Nur weil ich Frau war, durfte die Zeitung nicht daran gehindert werden, die Ereignisse des Krieges in der erforderlichen Form zu bringen. Falls es mir nicht gelingen sollte, die Front zu erreichen, würde ich sämtliche Bedenken gegen meine Berufung als Korrespondentin für diesen Bereich neu aufleben lassen und alle Gründe entkräften, die ich im Zusammenhang damit bisher vorgebracht hatte. Wenn ich bisher den Standpunkt vertrat, daß ich auf die gleichen Unterstützungen wie jeder Mann Anspruch hätte, so mußte ich auch jetzt den Beweis liefern, daß eine Frau als Korrespondentin für die *New York Herald Tribune* auf dem koreanischen Kriegsschauplatz geeignet sei.

Viele der männlichen Korrespondenten in Korea hatten eine ausgesprochene Abneigung gegen das Eintreten von Frauen in die Kriegsberichterstattung. Walter Simmon von der *Chicago Tribune* schrieb in einem Zeitungsartikel: ‚Weibliche Korrespondenten sind in Korea genau so beliebt wie Flöhe.' Diese Feindseligkeit wurde wahrscheinlich zuerst von anderen geteilt, besonders bei den anfänglichen Kriegsoperationen, aber sie äußerte sich niemals stärker als in einigen häßlichen Bemerkungen ... An der Front selbst hat eine Frau genau die gleichen Wettbewerbsmöglichkeiten wie ein Mann, besonders, wenn es darauf ankommt, sich zur richtigen Zeit im eigentlichen Kampfgebiet aufzuhalten und genügend Mut aufzubringen, tatsächlich dorthin zu gelangen, wo man Möglichkeiten zu einem guten Bericht vermutet.

Aus: Marguerite Higgins: „Kriegsschauplatz Korea", 1951.

Marguerite Higgins, geboren 1920, war US-Reporterin im Zweiten Weltkrieg, interviewte Nationalsozialisten wie Hermann Göring und Julius Streicher und verfolgte die Nürnberger Kriegsverbrecherprozesse. Für ihren Einsatz in Korea erhielt sie 1951 als erste Frau den Pulitzer-Preis für Auslandsberichterstattung, später leitete sie das Moskauer Büro der *New York Herald Tribune*. Sie starb 1966 in Washington.

JANINE DI GIOVANNI

„Ich denke, diese vier Wörter – Du bist nicht allein – sind die mächtigsten Wörter der menschlichen Sprache."

Anfang April 1992 befand sich eine Freundin in Minirock und hohen Absätzen auf dem Weg zu ihrer Arbeitsstelle in einer Bank in Sarajevo, als sie einen Panzer die Straße hinunterrollen sah. Schüsse wurden abgefeuert. Meine Freundin kauerte zitternd hinter einer Mülltonne. Von da an war ihr Leben völlig anders. In den nächsten Wochen musste sie aus Sicherheitsgründen ihr Baby einem Fremden anvertrauen, der es im Bus mitnahm in ein anderes Land. Sie sah es jahrelang nicht mehr. So beginnt der Krieg."

Janine di Giovanni ist Mitte 50, als sie diese Geschichte einer ihrer Freundinnen aus dem Jugoslawien-Krieg aufschreibt, und sie hat zu diesem Zeitpunkt schon so manche Kriege mitgemacht. Sie weiß, wie sie beginnen, und sie weiß um die Eskalation, um die Opfer, um die Wehrlosen. Ihren ersten Kontakt mit dieser Welt im Ausnahmezustand hatte sie 1989, im Nahen Osten, während der Ersten Intifada, als sie den Alltag der Menschen im Westjordanland näher kennenlernte. Seitdem ist die studierte Literaturwissenschaftlerin als Kriegsreporterin in den Krisengebieten rund um den Globus unterwegs: Tschetschenien, Syrien, Bosnien, Herzegowina, Kosovo, Somalia, Südsudan, Ruanda, Sierra Leone, Osttimor, Libyen. Und immer wieder Sarajevo. Einstige jugoslawische Olympiastadt, heute Hauptstadt von Bosnien-Herzegowina und von 1992 bis 1996, exakt 1425 Tage, im Belagerungszustand. 11.000 Menschen wurden in dieser Zeit dort getötet, weit mehr als 50.000 verletzt. Es sei wohl ihre Kollegin Christiane Amanpour gewesen, erinnert sich Janine di Giovanni später, die gesagt habe: Sarajevo, das „war das Vietnam unserer Generation".

Als sie Jahre später nach Syrien reist, um auch über diesen Krieg zu berichten, wird Janine di Giovanni viele Déjà-vus erleben. Aleppo zum Beispiel, eine der ältesten Städte der Welt, die zweite Kulturhauptstadt des Islam – soeben noch Touristenmekka mit seinen Luxushotels und Direktflügen nach Paris oder London, „eine orientalische Stadt mit betörenden Bauwerken aus goldfarbenem Stein", und plötzlich Kriegsschauplatz. Es ist wie eine Wiederholung ihrer Erlebnisse in Bosnien. „Die Geschwindigkeit, mit der das Leben, das man kennt, zusammenbricht, ist überwältigend. Die Reichen und Schönen bleiben aus. Das Wasser ist abgestellt, die Bank ist geschlossen, und ein Heckenschütze tötet den eigenen Bruder. Es gibt keine Zuflucht mehr, und man hat kaum noch Zeit zu trauern – schon

Janine di Giovanni, geboren 1961, studierte Literaturwissenschaften und ist seit 1989 als Krisenreporterin weltweit unterwegs. Sie schreibt u.a. für die *Times*, den *Guardian*, *Newsweek* und *Vanity Fair* und hat mehrere Bücher veröffentlicht, darunter die Autobiografie „Der Morgen, als sie uns holten. Berichte aus Syrien". Wegen ihrer kritischen Berichterstattung fahndeten die russischen Behörden in Tschetschenien nach ihr – sie schaffte es nur mit Mühe außer Landes.

sieht man einen Hubschrauber am Himmel und hört den Aufprall der nächsten Bombe ... Doch man rechnet nicht damit, dass auch gewöhnliche Dinge – Dinge, die man als selbstverständlich voraussetzt – verschwinden. Der Mann, der den Müll sammelte, kommt nicht mehr, weil es die städtische Müllabfuhr nicht mehr gibt. Die Schwestern, die Blut abnahmen, sind nicht mehr da, weil die Krankenhäuser bombardiert werden. Die tägliche Zeitung, das Café nebenan – fort, und dann, nach und nach, ist jedes bisschen Normalität verschwunden." Mitzuerleben, wie ein ganz normales, gutes Leben ohne eigene Schuld, ohne eigenes Zutun, einfach so verschwindet und in einen Überlebensmodus übergeht, raubt der Reporterin aus dem friedlichen Westen die eigene Sicherheit.

„Es gibt auch erfreuliche Momente im Krieg. Die Kameradschaft, die Vertrautheit zwischen Menschen: Manchmal werden Schranken und Blockaden eingerissen."

Aus Bosnien in ihren Alltag in Paris zurückgekehrt, wird Janine di Giovanni Wasser in Flaschen horten, große Mengen Konserven anschaffen, haufenweise Medikamente und Mullbinden. Als ihr Mann Bruno sie beruhigen will – „Wir sind in Paris. Wir sind in Sicherheit" –, entgegnet sie düster: „Woher willst du das wissen? Das haben die Menschen in Jugoslawien auch gesagt."

Bruno Girodon, Reporter beim französischen Fernsehsender France 2 und Janine di Giovanni, Reporterin beim US-Wochenmagazin *Newsweek*, hatten sich Anfang der 90er kennengelernt, im legendären „Holiday Inn" an der „Sniper's Alley" in Sarajevo, dort, wo die Heckenschützen jeden ins Visier nahmen, der sich ungeschützt auf der Straße blicken ließ. In dem Hotel gab es längst keinen Strom mehr, kein fließendes Wasser, keine frischen Betten oder Handtücher, doch die Journalisten aus aller Welt, die hier zusammenkamen, brauchten ein gemeinsames Quartier, einen Raum, in dem sie sich treffen und austauschen konnten, einen Unterschlupf. Es ist auch ein Raum, wo Freundschaften entstehen, wo Vertrauen und Verbundenheit, wo die Liebe wächst. In ihrem Buch über den Syrienkrieg, „Der Morgen als sie uns holten", beschreibt sie später mit wenigen Worten das, was Krieg, neben allem Schrecken, Tod und Terror ebenfalls ausmachen kann. „Es gibt auch erfreuliche Momente im Krieg. Die Kameradschaft, die Vertrautheit zwischen Menschen: Manchmal werden Schranken und Blockaden eingerissen, und es kommt zu einer so intensiven Kommunikation, wie man sie in Friedenszeiten selten erlebt. Menschen sagen und tun Dinge, die tief und authentisch sind." Nach dem Heiratsantrag – Bruno am Satellitentelefon in Simbabwe, Janine am Telefon auf einem Dach in Somalia – begründen sie ihren Alltag in Paris, bekommen einen Sohn. Doch Paris wird nur der Stützpunkt sein, von dem aus sie, abwechselnd in unterschiedlichste Krisengebiete, immer wieder aufbrechen werden.

Sie entwickelt einen sechsten Sinn dafür, wann Konflikte in Kriege umschlagen werden, lange bevor viele der Betroffenen, der Einheimischen sich dessen gewahr werden oder sich eingestehen wollen, was ihr Leben auf immer verändern wird. So auch in Syrien. Der letzte Staat im Sog des Arabischen Frühlings wird sich nach und nach in zwei Welten spalten – in Gebiete, wo bereits die Bomben fallen und Rauchsäulen den Untergang anzeigen, und in solche, gar nicht so weit weg, wo die Menschen noch fröhlich Pool-Partys feiern, wo die Restaurants voll und die Tische reich gedeckt sind, wo vor allem die Begüterten bestreiten, dass jemals ein Syrer einem anderen Syrer Schaden zufügen könne. Janine di Giovanni ist in beiden Welten unterwegs. „Ich war nach Syrien gekommen, weil ich das Land sehen wollte, bevor es in den labyrinthischen Kaninchenbau eines Krieges stürzte. Während dieser ersten Reise, im Mai 2012, stand Syrien am Rand des Abgrunds. Man konnte es genauer definieren und es einen bewaffneten Konflikt zwischen zwei Lagern (später drei, dann vier, dann noch mehr) nennen, aber ich hatte schon früher gesehen, dass ein Krieg so anfing, und ich sah, dass er mit rasender Geschwindigkeit auf Syrien zurollte." Wir Menschen, so resümiert sie in einem Interview, „haben ein sehr kurzes Gedächtnis. Wir sagen: ‚Nie wieder', und dann passiert es."

Als sie vom Tod ihrer Kollegin erfährt, bricht sie ihren Einsatz in Bagdad ab

Anfangs mit einem legalen Regierungsvisum unterwegs, wird es auch für die Reporterin zunehmend schwieriger, ja gefährlicher. Als ihr das Visum verweigert wird, geht sie heimlich über die Grenze, versteckt sich bei Freunden, reist mit Einheimischen in deren Privatautos durchs Land. „Einmal ist eine syrische Freundin für mich beim Informationsministerium vorstellig geworden. Sie trug meine Bitte vor und erhielt zur Antwort, wenn sie ‚meinen Arsch retten' und mich davor bewahren wolle, ‚in ein syrisches Gefängnis geworfen zu werden', solle sie mir sagen, dass ich nie mehr nach Syrien kommen sollte." Doch Drohungen schrecken sie nicht.

Was ihr schließlich Angst macht – ist der Tod. So wie der Tod ihrer Freundin Marie Colvin, die in Homs bei einem Artillerieangriff ums Leben kommt. Fünf Jahre älter als Janine di Giovanni, wie diese an der Ostküste der USA geboren, Reporterin für die britische *Sunday Times*, war sie eine Art Mentorin für die jüngere Kollegin geworden. Janine di Giovanni ist gerade in Bagdad, als sie

Ein brennendes Hochhaus im umkämpften Sarajevo. 1425 Tage war die Stadt ab April 1992 eingekesselt, von Heckenschützen belagert, doch eine Gruppe von Journalisten blieb vor Ort – so auch Janine di Giovanni.

von Colvins Tod erfährt. Sie bucht sofort einen Flug nach Europa, ein Kollege bringt sie direkt zum Flughafen. „Während der Fahrt schwiegen wir. Das Telefon läutete ununterbrochen – Maries Tod war wie ein Weckruf für so viele von uns, die diese Arbeit machten." Wenig später hat sie den nächsten Einsatz. „Danach hatte ich jedes Mal Angst, wenn ich nach Syrien fuhr. Und das war gut. Ich war wie befreit, als ich merkte, dass das Gefühl, das die meisten Menschen bei der Reise in eine der gefährlichsten Regionen der Welt erfassen würde, endlich auch in mir erwachte. Es wirkte sich kaum auf meine Art aus, wie ich arbeitete, aber es verlangsamte meine Handlungen, besonders als der IS auf den Plan getreten war und die Entführungen begannen."

Oft geht sie mit Kollegen auf Recherche, immer wieder mit ihrer Freundin Nicole Tung, Fotoreporterin aus Hongkong. Gemeinsam lassen sie sich von einem einheimischen Fahrer nach Aleppo bringen, „wir wollten darüber schreiben, was die Menschen aßen, ob sie Hunger hatten, wie sie überlebten. Die Antwort lautete: Sie aßen fast nichts. An diesem Wintertag gab es keinen Strom, um Brot zu backen; es gab kein Gas zum Kochen. Alles hier drehe sich um den Mangel, sagte uns der Fahrer, darum, was man entbehren müsse; um Erinnerung und Vergessen".

Sie trifft Folteropfer, sie interviewt einen Arzt, der seinen Operationssaal in ein Möbelhaus verlegt hat, und der dort auch nicht mehr helfen kann, weil es an Strom und Medikamenten fehlt. Sie beschreibt das Teuflische, das Menschen zu Monstern macht, sie spricht mit Soldaten der unterschiedlichsten Gruppierungen, und sie hört den Menschen zu, wenn sie stundenlang vor der Bäckerei in der Schlange stehen in der Hoffnung auf einen Laib Brot. Mohammed ist der letzte Bäcker in einem Viertel, das von Oppositionellen des Assad-Regimes bewohnt wird, und er backt trotz der Warnungen der Regierung in Damaskus, wie er Janine di Giovanni versichert: „,Wenn es eine Krise gibt, einen Krieg wie diesen', sagte Mohammed, ,muss man einfach arbeiten. Sonst denkt man den ganzen Tag nur noch an Krieg. Ich denke aber lieber an Brot.' Er und seine Mitarbeiter stellten etwa 17.000 Tüten Brot pro Tag her: jede Tüte enthielt 14 Fladenbrote. Er sagte, sein Brot halte Aleppo am Leben. Bevor das Regime ihm Todesdrohungen schickte, ,hatten sie mir Geld angeboten, damit ich kein Brot backe und die Menschen hungern'."

„Das pfeifende Geräusch
der fallenden Bomben ist
erst Sekunden
vor dem Aufschlag zu hören ..."

Das Ungeheuerliche, das Elend der Menschen, der Zerfall ganzer Regionen, der Kampf ums Überleben – jeder Krieg hat seine eigenen Schrecken und seine eigenen Gesetze. Und doch, so stellt Janine di Giovanni fest, bleibt das Gesicht des Krieges gleich, egal ob in Bosnien, in Syrien oder in jedem anderen Gebiet der Welt, in dem gekämpft wird.

„Wie sieht Krieg aus? Die stahlgraue Farbe der Stadt. Die Wolken hängen niedrig, aber nicht niedrig genug, um die Hubschrauber zu verdecken, die gewöhnlich jeden Tag zur gleichen Zeit auftauchen, morgens und am späten Nachmittag. Sie kreisen eine Weile in Höhen von 4.000 bis 5.000 Meter, winzige Punkte am Himmel, bevor sie ihre unheilvolle Last abwerfen.

Wie hört sich Krieg an? Das pfeifende Geräusch der fallenden Bomben ist erst Sekunden vor dem Aufschlag zu hören – genug Zeit, dass einem der bevorstehende Tod bewusst wird, aber nicht genug Zeit, um wegzulaufen.

Wonach riecht Krieg? Nach Waffen, nach Holzfeuer, nach ungewaschenen Körpern, nach verrottendem Müll; und der betäubende Geruch der Angst ist überall. Der Schutt auf der Straße – zerbrochenes Glas, zersplittertes Holz –

Trümmer, die einmal das Zuhause von Menschen waren. An jeder Ecke ist ein zerstörtes Gebäude, unter dem womöglich noch verschüttete Körper liegen."

Warum sie immer wieder in neue Kriege geht? Janine di Giovanni hört diese Frage oft, und sie stellt sich diese Frage womöglich noch öfter. Sie wolle, so ihre knappe Antwort, „dass die Menschen nicht vergessen". Und sie gebe mit ihren Berichten Menschen eine Stimme, die allzu oft nicht gehört würden. Das sei es, was ihr am meisten bedeute, Menschen eine Stimme zu geben. „Ihre Einsamkeit und ihre Isolation in Kriegszeiten ist so gewaltig, dass sie denken, die Welt habe sie vergessen. Ich sage, Du bist nicht vergessen, ich bin hier ... Ich denke, diese vier Wörter, Du bist nicht allein, sind die mächtigsten Wörter der menschlichen Sprache."

Sie ist nur die Berichterstatterin, doch ein verzweifelter Arzt in Aleppo macht sie für das Elend seines Volkes verantwortlich: „Niemand wird je etwas tun!"

Doch oft wird sogar sie, die Reporterin, für mangelnde Hilfe, für die Gleichgültigkeit der Welt da draußen, verantwortlich gemacht. Ein Gespräch mit dem Chefarzt des Zarzour Krankenhauses in Aleppo endet abrupt, als er die Versäumnisse der Vereinten Nationen beklagt. Dann wirft er sie hinaus und schreit noch lange hinter ihr her: „‚Niemand wird je etwas tun! Sie versprechen alles und tun nichts!! Wir haben genug davon. Wir sind allein und werden immer allein sein.' Das weiß ich doch!, wollte ich ihm erwidern. Ich weiß, dass wir nichts getan haben. Und das Schlimmste ist der Gedanke, dass man selbst, im Unterschied zu jemandem, der in Aleppo oder Homs oder Duma oder Daraja in der Falle sitzt, weggehen kann und zurückkehren wird in ein Zuhause, in dem es Strom und Wasser und Brot in Hülle und Fülle gibt; wenn einem das bewusst wird, schämt man sich dafür, ein Mensch zu sein."

„… wenn einem
das bewusst wird,
schämt
man sich dafür,
ein Mensch
zu sein.“

JANINE DI GIOVANNI

ERIKA MANN

„Weil ich die Wahrheit sagen wollte,
mußte ich wissen, was wirklich in der Welt vorgeht."

Erika Mann, geboren 1905, Kabarettistin und Schriftstellerin, legt sich früh mit den Faschisten an. 1938 berichtete sie aus dem Spanischen Bürgerkrieg, ab 1940 aus dem bombardierten London. Als Korrespondentin begleitete sie die US-Armee, wo sie auch einen Kampf für die Gleichberechtigung der Geschlechter focht. In der Uniform der Befreier kehrte sie nach Berlin zurück. Erika Mann starb 1969 in Zürich.

Immerhin dreimal sei sie schon genau zum richtigen Zeitpunkt am richtigen Ort gewesen: „In Spanien, während des Bürgerkriegs; in der Tschechoslowakei während der München-Krise; in Großbritannien während der Luftschlacht um England." Sie sollte noch öfter im richtigen Moment zur Stelle sein – am D-Day in der Normandie, in Deutschland nach der Niederlage und Befreiung, bei den Nürnberger Prozessen –, bevor die Schriftstellerin Erika Mann die Kriegsberichterstattung wieder hinter sich ließ und nach neuen Herausforderungen strebte. Doch in diesen Jahren, zwischen 1933 und 1946, war sie rastlos und zielstrebig unterwegs, angetrieben von ihrer selbst gewählten Mission, wie sie ihren Lesern mitteilte: „Weil ich die Wahrheit sagen wollte, mußte ich wissen, was wirklich in der Welt vorgeht: Ich konnte mich nicht auf die Geschichten anderer Leute verlassen, sondern mußte es selbst herausfinden. Ich mußte herumreisen. Und genau das tat ich."

Hätte sie sich auf die Geschichten anderer Leute verlassen – sie hätte Spanien im Sommer 1938 nie besucht, den Bürgerkrieg dort nie erlebt, die „Reisebriefe", wie sie ihre Reportagen nannte, nie veröffentlicht, ihre Wahrheit nie aufgeschrieben. Freunde rieten von einer Reise in das umkämpfte Land händeringend ab, die Eltern meldeten sich besorgt, es sei zu gefährlich, das republikanische Militär von den Kämpfen gegen die Faschisten bereits demoralisiert. Doch die damals 32-Jährige wollte es mit eigenen Augen sehen, und sie wollte sich ihr eigenes Urteil bilden. Gemeinsam mit dem jüngeren Bruder Klaus machte sie sich auf, nach Barcelona, Tortosa, Alicante, Valencia, ins Kriegsgebiet. An Mut habe es Erika Mann wahrlich nicht gefehlt, würdigt sie der Literaturkritiker Marcel Reich-Ranicki. „Wo in späteren Jahren gekämpft wurde und wo es gefährlich war, da tauchte sie als Berichterstatterin auf."

Schriftstellerin, Schauspielerin, Vortragsreisende, Kabarettistin, Gründerin und Managerin einer Theatertruppe, Erika Mann, 1905 in München geboren, hatte viele Berufe und noch mehr Talente. Doch in Deutschland, Europa bis nach Übersee war sie aus einem ganz anderen Grund bekannt, was ihr durchaus bewusst ist: „Ich war zuerst einmal die Tochter meines Vaters", des großen, gefeierten Autors und Literaturnobelpreisträgers Thomas Mann. Doch ‚das begabte Kind', wie der Vater seine Älteste gelegentlich hätschelte, war diesem durchaus überlegen, als politischer Instinkt und entschiedenes Auftreten gegenüber dem Nationalsozialismus gefragt waren. Sie sei, so schreibt Reich-Ranicki, „das einzige Familienmitglied, das die politische Haltung des Vaters eindeutig und scharf zu kritisieren wagt". Als sich die politischen Differenzen zwischen Vater und Tochter zuspitzen, droht sie ihm sogar: „Falls es ein Opfer für Dich bedeutet, daß ich Dir, mählich, aber sicher, abhanden komme – leg es zu dem übrigen." Erst Anfang 1936 wird Thomas Mann in einem Offenen Brief endgültig mit dem Dritten Reich brechen. Die Tochter telegrafiert umgehend: „Dank, Glückwunsch, Segenswunsch – Kind E."

Sie selbst ist seit 1933 mit ihrem Kabarett „Die Pfeffermühle" in den unterschiedlichsten Ländern Europas unterwegs, doch im Ausland eher gelitten als gern gesehen und auf Kurz-Visa angewiesen. Seit 1934 hat die Gestapo sie im Visier, in mehreren Ministerien führt man Buch über ihre Aktivitäten. Als ihr der Entzug der deutschen Staatsbürgerschaft droht, heiratet sie den britischen Autor W.H. Auden. Das Paar, das nie zusammenleben wird, lernt sich erst zur Hochzeit kennen, doch obwohl es sich nur um ein Arrangement handelte, das ein gemeinsamer Freund eingefädelt hatte, wird ihr der homosexuelle Auden ein guter Freund. Vor allem aber besitzt sie nun die britische Staatsbürgerschaft. Gemeinsam ist den beiden ihr Widerstand gegen die Nationalsozialisten und ihre Unterstützung für die Spanische Republik. Im Sommer '38 fährt sie los, auf der Suche nach der Wahrheit, mit einer neuen Profession: „Seit kurzem gibt es einen neuen Typ Schriftstellerin, der mir für den Augenblick der aussichtsreichste scheint: Die Frau, die Reportage macht." Und sie macht.

Aus Spanien berichtet sie über die Tragödie eines überfallenen Volkes

„Mit Vorliebe werden Züge bombardiert, und man tut besser, die Eisenbahn ganz im geheimen und zu den verschiedensten Dämmerstunden abfahren zu lassen. Kaum eine Bahnstation zwischen Alicante und Valencia ist intakt. Vor den Trümmern hält der Zug oft lange; Verwundeten- und Truppentransporte sind abzuwarten. Die Reise dauert mehr als fünf Stunden und wäre leicht in der Hälfte der Zeit zurückzulegen. Gegen 11 Uhr am Abend laufen wir im dunklen Bahnhof von Valencia ein. Schon während wir im Hotel Viktoria unsere Meldezettel ausfüllen, gibt es wieder Alarm. Das klagende und wirklich ungeheuer alarmierende Sirenengeheul fährt auch denen in die Knochen, die nun seit zwei Jahren an seinen Klang gewöhnt sind. Und immer wieder aufs neue ist es ein seltsam rührender und schrecklicher Eindruck, wenn die große Stadt sich, wie ein einziges, verängstigtes Tier, ganz in sich zurückzieht, wenn in Sekundenschnelle die Lichter verlöschen, die Menschen von den Straßen verschwinden – wenn es nichts mehr gibt als Angst und Finsternis. Zwei oder drei Sekunden nach dem Alarm fahren die Scheinwerfer durch den Himmel, und dann setzt der Lärm ein – das Dröhnen der Abwehrkanonen, das Fauchen und die krachenden Einschläge der Bomben. Valencia ist in den drei Tagen, die wir dort verbrachten, fünfmal bombardiert worden."

In mehreren Reportagen für die deutschsprachige *Pariser Tageszeitung* berichtet Erika Mann aus dem umkämpften Land. Von Schlachten an der Front, Bomben auf eine Stadt voller Menschen, Sommerabenden, an denen alles so sorglos normal scheint, der zertrümmerten Geisterstadt, Tausenden Kriegswaisen in eigens eingerichteten Kinderheimen – die Berichterstatterin sieht sich um und zeichnet ein niederschmetterndes Bild. „Das Schreckliche und Ergreifende der spanischen Situation – nirgends wird es deutlicher als angesichts der Kinder. Die Tragödie des überfallenen Volkes – in den hungrigen Gesichtchen der Kinder steht sie zu lesen –, aus ihren zerlumpten Kleidchen spricht sie, und sie bestürmt unsere Herzen, wenn wir die Vertriebenen schlafen sehn, in den dunklen Stationen der Untergrundbahnen, unter den Brücken – in den ‚Refugios'".

1940 ist sie in London – es tobt der Überfall der Deutschen. Sie berichtet für zwei amerikanische Zeitungen und arbeitet außerdem auf Einladung des Informationsministers der Regierung Winston Churchill für die BBC. Churchill ist der Mann, der den Kampf gegen das Hitler-Regime anführt, der die Beschwichtigungen seines Vorgängers weggewischt hat. Eine Politik, wie sie auch Erika Mann verficht: „Realisten meinen, es sei klug, ihre Nachbarn nicht gegen die Aggression böser Mächte zu verteidigen. Wie dumm die Realisten sind! Ihre schlauen Tricks funktionieren nicht. Ihre Politik des ‚Appeasement', der ‚Zweckmäßigkeit', des ‚Isolationismus' scheitert am Ende immer – unvermeidlich und verheerend. Das Böse kann nicht beschwichtigt werden; es muß bekämpft und vernichtet werden." Sie wird ausgebombt, die Manuskripte sind verbrannt, die Schreibmaschine zerstört, und doch fühlt sich die Reporterin am richtigen Fleck, unter den richtigen Menschen. „Weder Hysterie noch Furcht, noch die leisesten Anzeichen von Panik sind irgendwo zu finden. Ich beobachtete einen Mann, dessen Haus in seiner Abwesenheit von Bomben zerstört worden war. Er stand vor den Ruinen, schüttelte den Kopf und wiederholte in dem Ton eines höchst zivilisierten Mannes, der zum ersten Mal gewahr wird, daß Bestialität unter Menschen existiert: ‚Aber das ist ja wirklich abscheulich!'"

Eine der bedrückendsten Reportagen, die sie hinterlassen wird, beleuchtet den Schauplatz Lissabon, „der einzige freie und neutrale Hafen in Europa, ist zum Treffpunkt und zur Wartehalle all derer geworden, die vor Hitler fliehen". Obwohl sie selbst ihr Ticket für einen Flug in die neue Heimat Amerika längst in der Tasche hat, wird sie von einer Atmosphäre der Trostlosigkeit, Verzweiflung und Angst gefangen genommen. Auch wenn die Menschen, die hier zusammenkommen, erst einmal gerettet sind, so ist es doch eine Stimmung, die sich nur schwer ertragen lässt. Wegen der Ausreiseerlaubnis soll sie ein letztes Mal auf eine Behörde, zum Polizeirevier für Ausländer. Reine Formsache, wie der Hotelportier erklärt, der ihr ein Taxi bestellt. Sie lässt sich vors Revier fahren und dort absetzen. Doch dann: „Ich mußte etwa acht Minuten lang all die Straßen zurücklaufen, an denen wir gerade vorbeigefahren waren, um meinen Platz in der wartenden Schlange zu finden. Dort war eine scheinbar endlose Schlange, sie zog sich über mehr als vier oder fünf Häuserblöcke und folgte schließlich einer gewundenen Straße um zwei Kurven." Sie trifft zufällig Bekannte, die im äußersten Westen Europas gestrandet sind, wie Tausende andere auf der Flucht vor dem „Feind, der ihnen auf den Fersen war, wo immer sie auch hingingen. Er hatte sie durch ganz Europa gejagt, und nun warten sie auf das Rettungsschiff". In den Cafés, wo sich die wenigsten noch mehr als ein Getränk leisten können, aber Stunden ausharren, horcht sie den Geschichten der Vertriebenen, wie die eines Tschechen, dessen deutsche Frau eisern zu ihm gehalten hatte, auf der Flucht in Frankreich als Deutsche interniert, doch dann zum Glück freigelassen wurde. Jetzt sei sie in Frankreich, die Grenze dicht und sie den Nazis praktisch ausgeliefert. „Die Menschen am Tisch nickten nur. Sie hatten dem Tschechen zugehört, wie man einer traurigen, aber wohlbekannten Melodie lauscht. Sie hatten jeden Ton erkannt, es war ihr Lied, das der Tscheche vorgetragen hatte, das Lied vertriebener, verfolgter Menschen, der Gesang der Opfer. Der Tscheche schämte sich für seine Schwatzhaftigkeit. ‚Ich hätte euch mit meiner Allerweltsgeschichte nicht belästigen sollen.'"

War sie bisher auf eigene Faust unterwegs gewesen, wird Erika Mann nach dem Kriegseintritt der Amerikaner akkreditierte Berichterstatterin für drei US-Zeitungen. Zuvor hatte sie noch eine Fahrt auf einem Rettungsboot im Ärmelkanal mitgemacht, um zu sehen, was dort auf dem Meer wirklich passierte, wie sie sagt. Allerdings lautete die Erlaubnis des britischen Luftfahrtministeriums nur, sich auf dem Marinestützpunkt umzusehen. „Es versteht sich von selbst, daß ich an Bord des Rettungsboots keinesfalls willkommen war; und ich war tatsächlich schon im Begriff, nachzugeben und zuzustimmen, ‚nur ein bißchen dazubleiben, mit den Jungs zu reden und mir ihre Geschichten anzuhören'. Doch plötzlich wurde mir klar, daß es nicht darum ging, keine Zivilisten oder Reporter zuzulassen, sondern darum, daß man keine Frauen dabeihaben wollte. ‚Das ist nichts für Frauen da draußen, und wir haben noch nie eine mitgenommen.' Das war es, womit ich mich nicht abfinden konnte. Ich stellte mich auf die Hinterbeine, trug einen Sieg davon, und schon war ich auf dem Weg zu den Docks."

Im Zickzackkurs pflügt sich das mit acht Leuten besetzte Boot durch die Wellen, überall sind Minen versenkt, am Himmel droht Gefahr von feindlichen Flugzeugen. Der Auftrag lautet: die auf dem Kanal ausgelegten Barken abfahren, und

Erika Mann (rechts) mit einigen ihrer Kolleginnen, die wie sie als Kriegskorrespondentinnen in den Zweiten Weltkrieg ziehen. Doch Frauen waren bei der Truppe nicht immer gern gesehen.

auf jeder einzelnen nachzusehen, ob sich hier ein abgestürzter oder abgeschossener Pilot in vorläufige Sicherheit gebracht hat. Auch Erika Mann klettert auf eine dieser Archen und erblickt an der Wand eine Notiz für jeden, der hier Zuflucht sucht: „Obwohl Ihre Gastgeber nicht anwesend sein können, hoffen sie, daß Sie sich auf Rettungsfloß Nr. 10 wohl fühlen werden und daß Ihr Aufenthalt nicht von Dauer sein wird. Sie möchten Ihnen zu Ihrer Ankunft gratulieren und versichern Ihnen, daß sie ihr Möglichstes tun werden, Sie bald hier wegzubekommen." Ihr begeisterter Kommentar: „Das muß eine wunderbare Lektüre sein für jeden, der eben erst vom Himmel gefallen ist und sich fragt, ob er nicht geradewegs zur Hölle fährt. Ein Nazi-Willkommensgruß würde anders klingen: ‚Der NS-Rettungsdienst begrüßt Sie im Namen des Führers. Sie haben heimzuschwimmen und sich zum Dienst zu melden. Heil Hitler!' oder etwas in dieser Art."

Als sie mitten auf dem Kanal sind, tauchen plötzlich zwei deutsche Messerschmitts auf, „sie fegten in hundert Meter Höhe über unser Deck, hinauf in die Sonne und dann wieder zu uns herab". Da der Kapitän die Tricks und Finten der Gegner kennt, kommen alle ungeschoren davon. Denn den Bomberbesatzungen ist es untersagt, Rettungsboote anzugreifen, da die Briten oft auch deutsche Piloten retten. Also hoffen sie auf eine erste Salve von unten, um sozusagen zu ihrer Verteidigung zurückschießen zu können. Inzwischen haben sich von hinten noch zwei weitere deutsche Jagdflieger angepirscht. Vier gegen einen – es wäre der Tod für alle an Bord gewesen. Doch am Ende fällt nicht ein Schuss, die Flugzeuge drehen ab. Ihr sei ganz kalt geworden, doch eigentlich habe sie erst später kapiert, wie gefährlich die Situation war, so die Reporterin.

Berlin in Trümmern – „... ist auf eine schreckliche Art gerecht und logisch".

Und schließlich werden sie doch noch zum Retter. „Wir näherten uns schon der britischen Küste, als wir das Geräusch eines defekten Flugzeugmotors hörten. Hinter uns ging in einiger Entfernung ein Kampfflugzeug im Sturzflug runter und schlug aufs Wasser auf; schwarzer Rauch quoll aus seinem Heck. Ein winziger weißer Punkt tauchte am Himmel auf, hoch oben und weit weg. Er wurde größer und nahm Gestalt an – die Gestalt eines Menschen, der an einem Fallschirm hängt." Doch als dieser Mensch ins Wasser abtaucht, ist er nicht mehr zu sehen. „Ich war vor Aufregung den Tränen nahe. Wo sollten wir jetzt hin? Wir würden ihn niemals finden." Plötzlich tauchen Spitfires am Himmel auf, britische Jagdbomber, die dem Rettungsboot den Weg weisen, bis dies den Verunglückten tatsächlich in den Wellen findet und an Bord nehmen kann. Trotz seiner Würde habe der Kapitän „wie ein Neunzehnjähriger" ausgesehen, so sehr habe er sich gefreut. Auch sie selbst kann helfen, und holt ein Fläschchen heraus, das sie zur eigenen Stärkung dabei hat. „Mein Brandy! Gott sei Dank hatte ich ihn mitgebracht." Als er sich ein wenig gefangen hat, fragt sie den jungen Mann nach seinen Erlebnissen aus und bewundert ein Foto, das er bei sich trägt – seine Mutter. Er stellt sich vor, Robert, 21 Jahre alt. „Er verneigte sich leicht, als ob wir einander irgendwo im zivilen Leben vorgestellt würden."

Dann startet der Vormarsch, sie ist dabei, als die Invasion der Alliierten in der Normandie gelingt, in Belgien, Holland, Paris, wo sie Widerstandskämpfer wie Paul Eluard besucht und interviewt. Vier Monate nach Kriegsende ist sie wieder in Deutschland, zum ersten Mal seit 1933. Diesmal als offizielle amerikanische Kriegsberichterstatterin in der Uniform der US-Armee.

Berlin bringt sie aus der Fassung. Dass die Stadt in weiten Teilen aus Ruinen besteht, „ist auf eine schreckliche Art gerecht und logisch. Und was ist mit den Menschen? Passen sie in das Bild? Harmonieren ihre Gesichter und Stimmen mit dem Aussehen der Stadt? Das tun sie nicht, und es ist genau diese Diskrepanz, die den Alptraum hervorruft". Die Berliner, so registriert Erika Mann empört, ließen nicht die geringste Spur von Schuldgefühl erkennen. „Weil Hitler den Krieg verloren hat, nehmen viele von ihnen Anstoß an Hitler. Aber sie denken nicht, daß jemand an ihnen Anstoß nehmen könnte. Im Gegenteil: die Feinde von gestern, so hofft man, werden die großzügigsten Freunde von morgen sein. Von den Westalliierten erwartet man, daß sie es schaffen, Berlin wieder auf die Beine zu bringen: Sie werden Nahrungsmittel schicken – eine Menge davon; sie werden dabei helfen zu reparieren, was sie zerstört haben; und sie werden Deutschland vor den Russen schützen."

Auch die Nürnberger Prozesse wird sie noch besuchen und für ein amerikanisches Publikum darüber berichten, wie die einstigen Nazi-Größen verurteilt werden. Als „erste und einzige Frau", wie sie betont, wird sie im luxemburgischen Mondorf-les-Bains vorgelassen, wo 52 der Angeklagten verhört werden, der *London Evening Standard* bringt ihren Bericht groß auf der Titelseite. „Mein Besuch in Mondorf war ein Abenteuer, auf das ich mich seit mehr als zwölf Jahren vorbereitet hatte. Seit Hitler an die Macht gekommen war, standen meine Familie und ich auf der Liste der Verräter des Dritten Reichs weit oben. Den Plänen der Nazis zufolge ... hätte ich liquidiert werden sollen, sobald ich deutschen Boden betrat. Ich meinerseits hätte mich vor 1933 strikt geweigert, diese Männer zu treffen oder zu interviewen. Hier waren sie nun also – ein trauriger, gottverlassener Haufen." Sie trifft Hermann Göring, der nach einer leichten Herzattacke im Bett liegt, „er blickte mich stumm an", und begegnet neben einigen anderen auch Julius Streicher, Besitzer des einstigen Nazi-Hetzblattes *Der Stürmer*. „Streicher, dessen Zelle ich inspiziert hatte, jammerte: ‚Du lieber Gott! Und diese Frau ist in meinem Zimmer gewesen!'" In einem Brief an ihre Mutter schreibt sie: „Ein gespenstischeres Abenteuer ist nicht vorstellbar."

Ihre Mission war schnell beschrieben: die ‚Mächte des Bösen' bekämpfen

Erika Mann wird sich auch weiterhin politisch einmischen, etwa die Konflikte um Israel, den Vietnamkrieg kommentieren. Doch ihre Mission als Kriegsberichterstatterin ist nach den Nürnberger Prozessen und der Verurteilung der Nazi-Verbrecher beendet. Es war ein Einsatz aus Überzeugung, wie sie schon 1943 in ihrem „Fragment einer Autobiographie" schrieb: „Dies war mein einziger Ehrgeiz und meine einzige Beschäftigung während der letzten zehn Jahre: Auf meine eigene bescheidene Weise die Mächte des Bösen zu bekämpfen – am krassesten verkörpert vom finsteren Phänomen des Nazismus. Dies war meine Arbeit und mein Abenteuer: den Erzfeind zu demaskieren, lächerlich zu machen, anzuklagen und zu verwirren. Die Botschaft, die ich vermitteln wollte, war immer ein direkter, ungeschminkter Appell an die menschliche Solidarität gegen die unmenschlichen Mächte der Dunkelheit und der Zerstörung."

„Mehrere Journalisten teilen sich ein Zimmer, und das in einem Hotel, in dem es weder Strom noch warmes Wasser gibt."

ÅSNE SEIERSTAD

ÅSNE SEIERSTAD

Sie glauben, dass die große Zahl an Journalisten vor den amerikanischen Bomben schützt

Ehe der Krieg vor drei Wochen begann, konnten die Journalisten zwischen drei Hotels in Bagdad wählen: „Al Rashid", „Al Mansour" und „Palestine".

Das „Al Rashid", es wirbt damit, es sei „more than a hotel", wurde bald aufgegeben, da Gerüchte zirkulierten, dass es wirklich mehr als ein Hotel sei. Es soll unter dem Gebäude, das direkt gegenüber des irakischen Volkskongresses steht, mehrere Tunnel und geheimdienstliche Einrichtungen geben.

Das „Al Mansour" liegt zwischen dem Informationsministerium, dem irakischen Fernsehen und der al-Jumiriya-Brücke, wo in den letzten Tagen die schwersten Kämpfe stattfanden. Auch dieses Hotel war rasch verlassen, denn kein Journalist wagte es, direkt neben dem Informationsministerium zu wohnen. Dieses ist inzwischen nach mehreren Bombenangriffen vollständig zerstört.

Das Hotel „Palestine" stellt also die letzte Wohnmöglichkeit dar. Inzwischen ist es überfüllt. Mehrere Journalisten teilen sich ein Zimmer, und das in einem Hotel, in dem es weder Strom noch warmes Wasser gibt. Jeden Morgen und jeden Abend gibt es ein paar Stunden lang kaltes Wasser in den Rohren.

Einige Angestellte des Informationsministeriums sind ebenfalls mit ihren Kindern hier eingezogen. Mit großen Augen verfolgen ihre Kinder die Aktivitäten der Fernsehgesellschaften, amüsieren sich damit, Aufzug zu fahren oder rennen im Foyer herum. Nachts ist der Luftschutzraum voller irakischer Familien, die glauben, dass die große Zahl an Journalisten vor den amerikanischen Bomben schützt. ‚Sie werden dieses Hotel nie angreifen, schließlich wohnen hier Amerikaner', sagt eine irakische Frau, die eines Abends mit ihren Kindern in den Luftschutzkeller kam.

Aber genau das haben die Amerikaner getan. Sie haben mit Granaten auf Kameras geschossen, die ihrem Feldzug mit Teleobjektiven folgen.

Aus: Åsne Seierstad: „Tagebuch aus Bagdad", 2003.

Åsne Seierstad, geboren 1970, ist eine der bekanntesten Journalistinnen Norwegens. Sie berichtete aus Russland und Tschetschenien, sie war im Irak, in Syrien, auf dem Balkan und in Afghanistan. Sie schrieb mehrere Bücher, darunter den gefeierten Roman „Der Buchhändler aus Kabul" sowie die Roman-Reportage „Der Engel von Grosny". Aufsehen erregte ihr Werk „Einer von Uns. Die Geschichte eines Massenmörders" über den Attentäter Anders Breivik.

ANJA NIEDRINGHAUS

„Wenn ich es nicht fotografiere, wird es nicht bekannt."

Anja Niedringhaus, geboren 1965, hatte eine große Liebe: Afghanistan. Seit 2001 kehrte sie immer wieder zurück, um der Welt ein Bild von den Menschen in dem umkämpften Land zu geben, ebenso wie von Kriegsgebieten auf dem Balkan, im Mittleren und Nahen Osten. Am 4. April 2014 wurde Anja Niedringhaus in Afghanistan von einem Attentäter getötet, seitdem werden ihre Bilder in Ausstellungen gezeigt, ihr Leben wurde verfilmt, ihr zu Ehren der „Award for Courage" für Fotojournalistinnen, die ihr Werk fortführen, gegründet.

Gerade einmal 26 Jahre alt, geboren im westfälischen Wesertal, kennt Anja Niedringhaus den Krieg nur von Erzählungen oder aus den Nachrichten sehr entfernter Länder. Doch nun sind Tod und Terror in Europa zurück, Städte und Dörfer im zerfallenden Jugoslawien liegen unter Feuer – und die Fotoreporterin der europäischen Nachrichtenagentur epa will als Korrespondentin ins belagerte Sarajevo. Man mag sie nicht gehen lassen, zu jung, zu unerfahren. Aber so schnell lässt sie sich nicht entmutigen. Um ihren Wunsch zu bekräftigen und den Auftrag doch noch zu bekommen, schreibt sie ihrem Chef Briefe, jeden Tag einen, sechs Wochen lang. Dann lässt man sie endlich ziehen.

Es ist der Anfang einer langen Reise. Für mehr als 20 Jahre wird die Fotografin nun von den Brennpunkten berichten: Bosnien, Kosovo, Serbien, Irak, Afghanistan, Pakistan, Libyen, Gaza. Und mit ihren Bildern zeigt sie der Welt, was Krieg wirklich ist, wie vor allem die Zivilbevölkerung leidet, wie die Menschen auch in den schlimmsten Momenten nicht aufgeben, sich Würde und auch kleine Freuden bewahren, wie sie ein neues Leben auf den Trümmern versuchen, wenn die Kämpfe vorüber sind.

Am 4. April 2014, am Vorabend der Präsidentschaftswahlen in Afghanistan, macht sie ihr letztes Bild. Es zeigt einen lachenden afghanischen Wahlhelfer, der auf einem Balkon fröhlich ein Wahlplakat schwenkt. Kurz danach schießt ein Polizist der Ortskräfte, der zu ihrem Schutz abgestellt wurde, mit seiner Kalaschnikow in den Wagen, in dem Anja Niedringhaus und ihre kanadische Kollegin Kathy Gannon auf der Rückbank sitzen. Gannon überlebt schwer verletzt. Anja Niedringhaus ist sofort tot.

Was bleibt – sind ihre Fotografien, die immer wieder in Ausstellungen gezeigt werden. Oft liegt dann auch ihre Kamera, mit dem Einschussloch rechts über dem Objektiv, in einer Vitrine, stummes Zeugnis der tödlichen Attacke von Banda Khel. Einige Jahre nach ihrem Tod wird ihr Leben verfilmt, „Die Bilderkriegerin"; mit demselben Titel war zuvor auch eine Werkschau 2019 in Köln überschrieben. Und die „International Women's Media Foundation" ruft ihr zu Ehren einen Preis ins Leben, den „Award for Courage", der jedes Jahr an eine herausragende Fotojournalistin verliehen wird, „deren Arbeit den Fußstapfen von

Anja Niedringhaus folgt". Sie selbst hatte, als erste Frau aus Deutschland, 2004 den renommierten Pulitzer-Preis erhalten, gemeinsam mit ihrem Team aus vorwiegend einheimischen Reportern, für die Berichterstattung aus dem Irak.

> „... ich war berührt davon, wie Kinder mit dem Krieg umgehen, wie sie ihn für einige Momente vergessen können ..."

Wie herausfordernd und wie gefährlich ihre neue Mission ist, die sie im Jahr 1992 startet, hatte die Journalistin schon am ersten Tag in Sarajevo erleben müssen, als einer der berüchtigten Heckenschützen sie ins Visier nimmt. Dass sie überlebt, verdankt sie ihrer kugelsicheren Weste. Ein Schutz, den die Zivilisten in der belagerten Stadt nicht haben. Und so werden ihre Bilder das Leiden, den Schmerz, die Verwundungen und sehr oft auch den Tod der Kinder, Frauen, Männer dokumentieren, die in diesem Konflikt zu Tausenden und meist aus reinem Zufall Opfer werden. Es sind Bilder, wie wir sie im Jahr 2022 wieder sehen werden, diesmal aus der Ukraine, von anderen Reportern aufgenommen – doch die Motive bleiben sich erschreckend ähnlich: ein Mädchen mit seiner Puppe im Arm, dahinter türmt sich der Schrott, werden die Verwüstungen sichtbar. Frauen, die geduckt hinter einer Mauer in Deckung gehen, um den Heckenschützen kein Ziel zu geben. Mütter und Kinder, auf Karren und Traktoranhängern zusammengedrängt, die nur noch fliehen wollen. Eine junge Frau, die sich in einer Wohnung eingerichtet hat, der nach einem Beschuss die Wände zur Straße hin fehlen. Ein ernst blickender Mann im Anzug, der mit seinem Bass während einer Feuerpause ein Straßenkonzert gibt, während hinter ihm ein schwerbewaffneter Soldat Patrouille läuft. Und dann ist da Emina, ein sechsjähriges Mädchen, das Anja Niedringhaus nicht vergessen und dem sie ein Andenken geben wird.

„Ich erfuhr nur ihren Namen, Emina, und ihr Alter, sechs, nachdem sie gestorben war. Ich entdeckte sie zum ersten Mal, als ich einen Hügel hinaufging in einen Teil von Sarajevo, der in der Nacht zuvor heftig unter Feuer geraten war. Sie und einige Freundinnen fuhren auf kleinen hölzernen Schlitten den Hügel hinunter und genossen diesen ruhigen, sonnigen, aber kalten Wintermorgen. Ich ging an den Mädchen vorbei und war berührt davon, wie Kinder mit dem Krieg umgehen, wie sie ihn für einige Momente vergessen können und wie sie das Leben normal erscheinen lassen, wenn sie herumlaufen, Schlittenfahren und spielen. Als ich oben am Hügel war, schlug eine Rakete dort ein, wo die Kinder im Schnee spielten und ich rannte hinunter, um zu sehen, was passiert war. Emina lag neben ihrem Schlitten, ein Schrapnell hatte ihren Hals verletzt und die Hauptschlagader durchtrennt. In diesem Moment sah sie aus, als ob sie immer noch lebte."

Anja Niedringhaus ist geschockt – und doch macht sie dieses Foto, das um die Welt gehen wird: ein getötetes sechsjähriges Mädchen im Schnee, die Mutter, die sich fassungslos darüber beugt und die von drei Männern gestützt und gehalten wird. Es ist eines dieser Bilder, die die sinnlose Grausamkeit des Krieges sichtbar machen.

Sie habe sich nicht so sehr für die Front interessiert, sagt sie einmal, „es geht mir nicht um die Militärmaschinerie oder wie groß die Waffen sind, wie schnell der Panzer ist, sondern was eigentlich danach passiert, nachdem geschossen wird". Denn, „ich mache meine Fotos nur, um der restlichen Welt zu zeigen, was passiert". Wobei ihr die Grenzen sehr wohl bewusst seien: „Ich weiß, dass ich keine Kriege beenden oder verhindern kann." Und doch kann sie Einiges bewirken. So erklärt sie auf die Frage in einem Rundfunk-Interview, wie sie sich dabei fühle, in einem Krankenhaus Schwerverletzte zu fotografieren, wissend, dass es weder Medikamente noch genug Verbandsmaterial gebe und nichts daran ändern zu können: „Ich kann schon was tun, indem ich darüber berichte. Und ich glaube, das ist die Aufgabe. Ich kann jetzt nicht direkt die Medikamente aus meiner Tasche ziehen, aus der Fototasche und da hinlegen, sondern ich habe die Aufgabe, darüber zu berichten und dann zu hoffen, dass sich was ändert. Es sind in manchen Fällen, damals auch in Sarajevo, Konvois gestartet, die kleinere Gruppen organisiert haben aufgrund von Fotos. Ich kann nur immer wieder hoffen, dass die Arbeit, die ich mache ... was bewegt." Diese Hoffnung ist es wohl auch, die ihr die Energie für ihre Arbeit gibt.

Den überwiegenden Teil des Jahres ist sie in den Kriegen dieser Welt unterwegs

Bis zu acht Monate im Jahr ist sie in Kriegs- und Krisengebieten, es ist, wie sie sagt, „mehr als ein Beruf". 2001 kommt sie nach New York, kurz nach dem verheerenden Anschlag auf das World Trade Center, wo sie dokumentiert, was der Stadt und den Menschen dort angetan wurde. Kurz danach ist sie zum ersten Mal in Afghanistan – ein Land, zu dem sie eine große Zuneigung entwickeln wird. Bald danach wechselt sie zur weltgrößten Fotoagentur, der amerikanischen Associated Press. Über die Jahre erarbeitet sich Anja Niedringhaus nicht nur den speziellen Blick für ihre Fotos, sie schärft auch ihren Blick für Situationen. Und die sind gar nicht unbedingt kriegerisch. So wie die Truthahn-Story. Mit ein paar Kollegen war sie an Thanksgiving in Bagdad auf der Feier der US-Soldaten, als sie nach dem Essen von Sicherheitskräften aufgehalten werden. Sie wartet direkt neben einem Tablett mit einem prächtigen Truthahn – und ahnt auf einmal, dass hier gleich etwas Besonders geschehen wird. Als unvermutet George Bush auftaucht und sich das Tablett schnappt, drückt sie auf den Auslöser. Unter größter Geheimhaltung war der damalige US-Präsident zu den Truppen in den Irak gekommen, doch Anja Niedringhaus hat ihr Bild, welt-exklusiv.

Sie gehört auch zu den ersten Berichterstattern, die 2004 die Offensive amerikanischer und irakischer Soldaten in Falludscha begleiten. Sie wollen die als Rebellenhochburg gefürchtete Stadt westlich von Bagdad stürmen – doch schon in der ersten Welle kommt mehr als die Hälfte von ihnen ums Leben. Und auch die Reporterin gerät immer wieder in Gefahr. Nachdem sie auf dem Balkan seit 1992 bei mehreren Angriffen verletzt worden war, trifft es sie im Jahr 2010 auch in Afghanistan.

Es ist der 11. September, gemeinsam mit Soldaten läuft sie durch eine schmale Gasse, die Wände mehr als mannshoch, als plötzlich ein Huhn hochflattert. Ein Soldat tritt vor Schreck nach dem Vogel, was Niedringhaus noch fotografiert. Sekunden später schlägt eine Granate ein, und auch die Fotografin wird getroffen. Man fliegt sie nach Deutschland aus, wo Ärzte ihr Granatsplitter aus der Hüfte operieren. Nach ein paar Wochen ist sie wieder zurück.

Ihre zweite Leidenschaft als Fotografin: große Sportler und prominente Politiker zu porträtieren – und mit einem einzigen Bild eine ganze Geschichte zu erzählen

Ob sie keine Angst habe, wird sie immer wieder gefragt. Es ist eine Frage, mit der sie sich lange beschäftigt hat. „Natürlich habe ich Angst. Vielleicht weniger als derjenige, diejenige, die die Situation nicht kennt. Ich habe mich ja über die letzten 20 Jahre sehr gut kennengelernt. Also, ich weiß, wie ich in gefährlichen Situationen reagiere. Ich werde nicht hysterisch, ich werde eher sehr, sehr ruhig. Und ich finde, Angst, eine gewisse Grund-Angst, ist lebenserhaltend." Doch sie hält ihre Angst in Schach, ebenso wie die Gefühle von Grauen und Entsetzen. Die Kamera ist ihr Schutzschild. Wie schockierend und bedrückend die Szenen auch sind, die sie zu fotografieren hat, die Kamera, mit der sie im Moment der Aufnahme sozusagen eins werde, schotte sie auch ein Stück weit vom Geschehen ab. „Ich glaube, wenn ich ein schreibender Journalist wäre und würde diese ganzen Dinge sehen, hätte ich ein größeres Problem."

Aber der Krieg ist nicht ihr ausschließliches Thema, immer wieder trifft man Anja Niedringhaus mit ihrer Kamera auch in den Center Courts, in den Olympiastadien. Usain Bolt im Sommer 2012, Serena und Venus Williams im Augenblick ihrer Siege. Gerühmt wird sie auch für ihre Porträts: ein dösender Papst Johannes Paul II., ein gefeierter Willy Brandt, ein triumphierender Gerhard Schröder – „mich fasziniert, dass man eine ganze Geschichte in einem Bild erzählen kann". Doch es bleiben die Geschichten der Menschen im Krieg, die sie am heftigsten bewegen. Geschichten, denen sie gelegentlich noch nachgeht, wenn der Job längst erledigt ist. 2011 ist sie an Bord eines Hubschraubers, der den Soldaten Burness Britt in Sicherheit fliegt. Britt war auf Patrouille in einem Feld von einem Sprengsatz schwer verletzt worden. Sie fotografiert den 22-Jährigen, dann hält sie seine Hand, „sein Uniformhemd war aufgerissen und blutgetränkt. Eine Weizengarbe klebte an seinem Hemd". Monate später reist sie nach Virginia, wo Britt immer noch in einem Militärkrankenhaus behandelt wird. Und sie bringt ihm die Bilder mit, die sie in den langen Momenten seiner Evakuierung gemacht hat, Momente, die der Schock in seiner Erinnerung gelöscht hat.

Im Juni des Jahres hatte sie schon einmal an einem Helikopter-Einsatz teilgenommen, der die Verwundeten aus einem umkämpften Gebiet bei Sangin rettet. Dabei werden sie vom Boden aus beschossen, es müssen entsetzliche Augenblicke gewesen sein. „Ich dachte mir: ‚Wenn wir abstürzen, will ich es nicht

Ein Augenblick der Freiheit, der Ausgelassenheit, der Lebensfreude. Mit ihren Bildern hält Anja Niedringhaus auch das andere Afghanistan fest – ein Afghanistan, in dem Kinder unbeschwert spielen dürfen.

sehen.' Ich schloss die Augen und hielt mich am Sicherheitsgurt fest. Aber wir stürzten nicht ab und gewannen stattdessen langsam wieder an Höhe und kamen heraus." Nach mehreren Anläufen können sie den verwundeten Lance Corporal Blas Trevino in den Hubschrauber ziehen und ihm so das Leben retten. Anja Niedringhaus veröffentlicht eine ganze Serie von Bildern über die lebensgefährliche Aktion, den Einschuss im Black Hawk Helikopter, und immer wieder Blas Trevino: Wie er, einen Rosenkranz über dem Kopf schwenkend, auf den Hubschrauber zuläuft, wie er, gerettet, seine Erleichterung herausschreit: „Ihr habt es geschafft! Ihr habt es geschafft! Ja, ich hab's geschafft!", und wie er schließlich erschöpft auf der Trage liegt, den Rosenkranz noch immer in der linken Hand. Es ist, wie der afghanische Präsident Hamid Karzai einst voller Achtung für die Journalistin sagte: „Anja ging an Orte, wohin niemand sonst sich wagte."

„Kurz nachdem Anja starb, wurde ich von Taliban entführt. Was mich am Leben hielt, war Anjas Stimme, die mir im Parlament gesagt hatte, wie wichtig meine Arbeit ist."

Afghanistan ist das Land, dem ihre Leidenschaft gehörte, wie auch ihre Freundin und Kollegin Minka Nijhuis sagt: „Ihren Anfang genommen hatte die Faszination für das Land 2001, als sie dort zum ersten Mal arbeitete. Es besaß immer noch einen besonderen Platz in ihrem Herzen, was für jeden, der ihre Bilder im Laufe der Jahre gesehen hatte, unverkennbar war. Sie wollte sich auf Geschichten konzentrieren, die sonst nicht erzählt würden." Ein Vater mit seinen fünf Kindern auf einem Motorroller in Kandahar. Ein Mann mit seiner kleinen Tochter auf dem Arm, Nomaden in Marjah. Ein Mädchen, das vor seiner Klasse einer Mädchenschule in Kundus konzentriert aus einem großen Buch liest. Schulmädchen, Teenager in Kabul, die in der Pause ausgelassen Basketball spielen. Afghanische Frauen auf einem Markt in der Hauptstadt, durch das Sichtgitter einer Burka fotografiert. Ein Junge, der auf einem Hügel in Kabul jauchzend einen Drachen steigen lässt, ein Mann auf seinem Esel, der einem Konvoi deutscher Soldaten in der Bergregion von Faizabad folgt. Bilder voller Kraft, voller Poesie, die Anja Niedringhaus aus einem wunderbaren Land hinterlässt, das heute wieder unter die Herrschaft der Taliban gefallen ist.

Kurz vor ihrem Tod hatte sie noch weibliche Abgeordnete porträtiert – darunter auch Kubra Mustafi. „Es war das erste Mal, dass sich eine ausländische Fotografin für uns Frauen im Parlament interessierte. Ich erinnere mich, wie

Anja kam und mit jeder einen Ort suchte, an dem sie uns fotografieren konnte. Es war ein sehr emotionaler Moment für mich. Ich war im sechsten Monat schwanger und ganz aufgeregt. Als sie kurze Zeit später getötet wurde, traf mich das sehr, und ich weinte viel. Das gleiche Schicksal erwartet mich, dass ich eines Tages getötet werde. Das ist Afghanistan. Es gibt keine Garantie, dass du überlebst. Hier kann dir alles passieren. Kurz nachdem Anja starb, wurde ich von Taliban entführt. Was mich am Leben hielt, war Anjas Stimme, die mir im Parlament gesagt hatte, wie wichtig meine Arbeit ist." Kubra Mustafi wurde nach drei Wochen freigelassen, doch ihr ungeborenes Kind hat die Entführung nicht überlebt.

Nach Anja Niedringhaus' Tod am 4. April 2014 gab der Präsident der Nachrichtenagentur AP, für die sie seit 12 Jahren arbeitete, eine Mitteilung an alle KollegInnen heraus. Journalismus, so Gary Pruitt, sei ein Beruf für mutige und leidenschaftliche Menschen, die die Welt fair und genau informieren wollten. „Anja Niedringhaus hat diese Definition in jeder Weise erfüllt. Wir werden sie furchtbar vermissen."

Sie selbst beschrieb ihre Aufgabe einmal so: „Wenn ich es nicht fotografiere, dann wird es nicht bekannt." Und dann sagt sie noch: „Es ist das Gefühl, das absolut Richtige zu tun."

DICKEY CHAPELLE

„Wenn du über den Krieg berichtest,
ist das Wichtigste, dass du am Leben bleibst.“

Dickey Chapelle, geboren 1919, liebte schon als Teenager die Fliegerei, was sie auf Umwegen zu ihrem Beruf als Kriegsfotografin führte. Seit 1941 war die Amerikanerin für Magazine wie *Life* und *National Geographic* unterwegs – vom Pazifik über Europa, Nordafrika bis Vietnam. Dort kam sie 1965 ums Leben, als erste Kriegsreporterin der USA, die bei einem Einsatz getötet wurde.

Fidel Castro nannte sie „Die höfliche kleine Amerikanerin mit Tigerblut in den Adern"; die Marines in Vietnam riefen sie „Miss Dickey"; Veteran Jack Paxton von der US-Air Force sagt schlicht: „Sie war einer von den good guys." In den 25 Jahren ihrer Karriere war Dickey Chapelle in mehr Kriegen unterwegs, als die meisten Soldaten je erleben würden – und sie hat ihre Spuren hinterlassen. Vor allem auch für die Generationen von Kriegsreporterinnen nach ihr, denen sie den Weg geebnet hat mit ihrer absoluten Professionalität, vor allem aber mit ihrer Hartnäckigkeit, wenn es darum ging, als Frau in einer Männerwelt zu bestehen. So betitelte sie ihre Biografie denn auch ironisch mit den Worten: „What's a Woman Doing Here?". Es sei der Refrain gewesen, der sie ihr ganzes Berufsleben verfolgt habe – was macht denn eine Frau hier?

Oft mit australischem Buschhut, Militärjacke, extravaganter Schmetterlingsbrille und kleinen Perlenohrringen, schon rein äußerlich setzte sich Dickey Chapelle in Szene. Nicht nur ihr Stil war einzigartig, genauso einzigartig glänzte ihre Stellung: War sie doch über lange Zeit der einzige weibliche Kriegsfotograf in Vietnam, unterwegs mit den Marines, die sie anfangs gerne abgewimmelt hätten. Es gebe keine Einrichtungen für Frauen da draußen im Feld, hieß es, also könne sie nicht mit an die Front. Doch die Journalistin ließ sich auf solche Diskussionen gar nicht erst ein. Die Army habe schon ganz andere Probleme gelöst, da werde diesmal sicher auch eine Lösung gefunden. Am Ende wurde es eine Verbindung fürs Leben. Nach ihrem Tod begleitete eine Ehrengarde der Marines ihren Sarg zurück in die USA, sie bekam ein Begräbnis mit militärischen Ehren, und in Chu Lai, der Seehafenstadt am Südchinesischen Meer, enthüllten die Marines einen Gedenkstein für Dickey Chapelle mit der Aufschrift: „Sie war eine von uns. Und wir werden sie vermissen."

1919 im Mittleren Westen der USA geboren, war schon die Schülerin Georgette Louise Meyer, die sich später Dickey nannte, alles andere als angepasst ans damalige Rollenverständnis. Bereits als Teenager interessierte sie sich für die Fliegerei, mit 14 reichte sie bei einem Fliegermagazin einen Artikel ein, „Why We Want to Fly", mit 16 hatte sie die Highschool abgeschlossen und studierte Luftfahrtdesign am MIT, dem Institute of Technology in Massachusetts – als eine von nur drei Frauen, die in ihrem Jahrgang aufgenommen wurden. Zurück in der Heimat Milwaukee, Wisconsin, jobbte sie auf dem lokalen Flughafen, in der Hoffnung, an eine Pilotenausbildung zu kommen. Daraus wurde zwar nichts, aber über mehrere Stationen landete sie schließlich in New York, wo sie eine Anstellung als Redakteurin bei der Fluggesellschaft TWA bekam. Dort lernte sie den Fotografen Tony Chapelle kennen, bei dem sie Fotografiekurse belegte und den sie 1941 heiratete.

Der Weg in den Krieg war für Dickey Chapelle dann so etwas wie eine Familienangelegenheit. Eigentlich wollte die junge Ehefrau nur in der Nähe ihres Mannes bleiben, als der sich im Zweiten Weltkrieg freiwillig meldete und nach Panama geschickt wurde. Kurz entschlossen brachte sie daher das Magazin *Look* dazu, sie ebenfalls dort zu akkreditieren, als Fotografin, die auch kleinere Texte schrieb. Es war eine Aufgabe, die Eindruck auf sie machte, jedenfalls suchte die junge Reporterin weitere Abnehmer für ihre Bilder und berichtete anschließend noch aus den Kriegsgebieten Iwo Jima und Okinawa im Pazifik. Und offenbar hatte sie schon damals ihre eigene Sicht auf den Krieg, die nicht nur das Heldentum sah, sondern auch die Verletzungen, den Tod und den Schrecken. Ihre Bilder, die sie an die Redaktionen in der Heimat schickte, verkraftete nicht jedermann. Sie seien „dirty", erklärte ein Redakteur von *Life Story*, man werde sie nicht drucken, der Vertrag sei gekündigt. Es war dann ein Frauenmagazin, *Cosmopolitan*, das seinen Leserinnen die Wahrheit zumuten mochte und das die Aufnahmen von den verwundeten Marines brachte. Aber im Sommer 1945 war auch dieser Krieg zu Ende, Dickey Chapelle ging zurück nach New York und nahm einen Job als Redakteurin und Fotografin beim neu gegründeten Frauenblättchen *Seventeen* an.

Es ist nicht viel bekannt über diese Phase der Sesshaftigkeit, nur dass 1956 die Ehe mit Tony zu Ende ging. Wie sich herausstellte, konnte die Verbindung annulliert werden, da der Ehemann gar nicht legal von der Vorgängerin, Gattin Nummer zwei, geschieden war. Als alles vorbei war, verließ Dickey Chapelle New York und ging wieder ins Ausland, zurück in die Kriegs- und Krisengebiete dieser Welt.

Als sie Penizillin für Flüchtlinge besorgen will, landet sie für 38 Tage in Ungarn in Einzelhaft im Gefängnis, wo man ihr sagt, dass sie schon bald hingerichtet werde

Im Auftrag von *Life* und dem Internationalen Flüchtlingskomitee sollte sie sich an der österreichisch-ungarischen Grenze umsehen, um dort über ungarische Flüchtlinge, die nach der Niederschlagung des Volksaufstands geflohen waren, zu berichten. Es wurde eine Reise, die ihr weiteres Leben prägen sollte. Denn als die Korrespondentin gemeinsam mit zwei Helfern versuchte, Penizillin zur Versorgung von Flüchtlingen in ein Lager zu transportieren, wurde sie verhaftet und für mehr als fünf Wochen in Budapest ins Gefängnis gesteckt, eine Zeit, die sie zutiefst traumatisierte. „In 38 Tagen Einzelhaft hat man mir nie gesagt, wessen ich angeklagt sei, zweimal kündigte man mir an, am nächsten Tag würde ich ge-

Viva la revolución! Die amerikanische Fotojournalistin Dickey Chapelle 1958 im Kreise von kubanischen Rebellen, die gegen die Vorherrschaft des verhassten Nachbarn Amerika kämpfen.

henkt", erinnert sie sich viele Jahre später. 38 Tage in absoluter Stille, ohne etwas zu lesen, ohne etwas zu schreiben – „die Idee ist natürlich, psychologischen Druck auszuüben, doch in Wahrheit ist es die reine Folter". Als sie schließlich wieder freikam, war sie zur glühenden Anti-Kommunistin geworden.

Ohnehin gehörte ihr Herz Amerika. Sie sei in 44 Ländern der Erde gewesen, zieht sie in ihren 40ern Bilanz, „aber nirgendwo sonst in der Welt, ob man nun 17 ist oder so alt wie ich, kann eine Frau sagen: Ich kann alles machen, was ich machen möchte". Eine Behauptung, die sicherlich nicht auf jede Frau in Amerika zutraf – doch Dickey Chapelle tat durchaus, was sie sich vornahm. 1957 berichtete sie vom Algerienkrieg, 1958 erst von der Libanon-Krise, dann von der Revolution in Kuba, in ihr Zuhause kehrte die Reporterin nur noch gelegentlich zurück. Nach Kuba schmuggelte sie sich mit einem Touristenvisum ein und verbrachte dann mehrere Wochen dort, um über den Aufstand unter Führung von Fidel Castro gegen die Regierung Battista und die Vorherrschaft der USA zu berichten. Überraschenderweise waren die Journalistin aus dem verhassten Amerika und die Revolutionäre offenbar recht angetan voneinander, wie Bilder vermuten lassen, auf denen sie sich gut gelaunt im Kreis schwer bewaffneter Männer und Frauen präsentiert. Ihre Fotos zeigen Paraden in Havanna, Castro in der Hängematte, mit Bruder Raúl am Abwehrgeschütz, junge Revolutionärinnen mit weißen Blüten hinterm Ohr, es heißt, zumindest dem karibisch gefärbten Sozialismus habe Dickey Chapelle ein klein wenig abgewinnen können. Doch bald ging es weiter: nach Ostasien, Korea, Laos und schließlich Vietnam – in den Krieg, der zum Trauma ihres Heimatlandes werden sollte, und der auch ihr eigenes Schicksal besiegeln würde.

„Schockiert stellte ich fest, dass ich nun über die zweite Generation von kämpfenden Marines berichtete."

Längst hat Dickey Chapelle das Portfolio ihrer Abnehmer auf die großen Magazine erweitert: *National Geographic*, *Life*, *Reader's Digest* oder *National Observer*, die Reporterin aus Milwaukee zählt zu den Großen ihres Gewerbes und hat selbst Prominenz erlangt. Eines Abends in Vietnam, so erzählt sie Anfang der 60er Jahre, seien drei Marines auf sie zugekommen und hätten sie mit der Geschichte überrascht, dass sie zwei Jahrzehnte zuvor schon ihre Väter im Pazifik fotografiert und interviewt habe. „Schockiert stellte ich fest, dass ich nun über die zweite Generation von kämpfenden Marines berichtete – wieder auf umkämpftem Land, eine halbe Welt von ihrem Zuhause entfernt."

„Miss Dickey" hat vieles gesehen und kann es sich leisten, die Jüngeren unter ihre Fittiche zu nehmen. Joseph Graham war 23, als er nach Vietnam kam, um dort über den Krieg zu schreiben, die Reporterin bereits 46 und eine Institution. „Ich habe sie respektiert, ich habe auf ihren Rat gehört", erzählt er in einer Dokumentation über die Journalistin, „Behind the Pearl Earrings". Einen Satz hat er nie vergessen, er zitiert ihn noch als alter Mann: „Wenn du über den Krieg berichtest, ist das Wichtigste, dass du am Leben bleibst, um die Story und die Bilder in die Welt zu tragen. Wenn du dort getötet wirst – dann ist alles umsonst." Er habe geweint wie ein Baby, als er von ihrem Tod erfuhr, „es hat mir das Herz herausgerissen".

Es war der 4. November 1965, gegen acht Uhr morgens, als sich eine Gruppe von Rekruten bei Chu Lai auf Patrouille machte, die Dickey Chapelle im Auftrag des *National Observer* begleiten sollte. Sie kamen nicht weit. Plötzlich löste der vor ihr gehende Lieutenant eine Sprengfalle aus, die im Sand versteckt war. Sie ging sofort hoch. Sieben Marines wurden verwundet, ein Splitter traf die Reporterin am Hals und verletzte die Schlagader. Noch bevor ein Hubschrauber zu ihrer Rettung eintraf, war sie verblutet. Dickey Chapelle starb mit 47 Jahren, als die erste Kriegsreporterin der USA, die während einer Mission getötet wurde. Und als eine der ersten JournalistInnen, die in Vietnam ums Leben kam.

Diese Frage wurde ihr immer wieder gestellt: Was macht denn eine Frau hier?

Ob sie eine Ahnung von ihrem bevorstehenden Tod hatte? Zumindest muss sie damit gerechnet haben, dass es nicht immer gutgehen könnte. Bevor sie zu ihrer letzten Reise aufgebrochen war, hatte sie jedenfalls alle Filme, Fotos und ihre unzähligen Notizbücher der Wisconsin History Society übergeben, die ihr journalistisches Erbe nun verwaltet. Und dann wird noch folgender Satz von ihr kolportiert: Sie wolle mit den Marines auf Patrouille sein, wenn sie einmal sterben müsse.

„What's a Woman Doing Here?“ Die Frage wurde ihr in den fast 25 Jahren, die sie in Krisen- und Kriegsgebieten verbrachte, oft gestellt. Natürlich sei der Krieg nicht der richtige Ort für eine Frau, hat sie einmal in einem Interview erklärt, keine Frage. „Es gibt noch eine andere Spezies auf der Welt, für die der Krieg nicht der richtige Platz ist, und das sind Männer. Aber ich denke, solange Männer damit weitermachen, Kriege zu führen, sollten Beobachter beiderlei Geschlechts hingeschickt werden, um zu sehen, was da passiert.“

MARIE COLVIN

„Wir müssen uns immer selbst fragen, welches Risiko die Story wert ist."

Die letzte Reise, ein letzter Bericht, die letzte E-Mail, ein letztes Lebenszeichen. Als Marie Colvin bei einem Angriff in Syrien ums Leben kommt, ist dies für ihre KollegInnen, für die weltweite Gemeinschaft der Krisenreporter ein gewaltiger Schock. Doch schon bald tragen all jene, welche die Journalistin kannten, deren Erbe zusammen. Sie bringen ein Buch mit ihren wichtigsten Reportagen heraus – 99 an der Zahl. Sie gründen einen Blog zu ihrer Erinnerung, sie sprechen über die letzten Nachrichten, die sie von ihr erhielten, sie vergewissern sich, dass nichts vergessen wird. Seit dem Jahr 2012 hegen sie das Vermächtnis von Marie Colvin, die für viele ein Vorbild, eine Mentorin, eine Vertraute war – so wie für ihre Freundin, die Fernseh-Legende Christiane Amanpour: „Sie war leidenschaftlich, lustig und wirklich einfühlsam. Marie war eine Löwin – sie schien unzerstörbar, sie war unbeugsam."

Christiane Amanpour wird auch die Einführungsvorlesung halten, als an der Stony Brook University auf Long Island, knapp 30 Meilen von Colvins Geburtsort Oyster Bay entfernt, das „Marie Colvin Center for International Reporting" eingerichtet wird, ein spezieller Zweig der Journalistenausbildung dieser Universität. Amanpour tut dies, um die Kollegin zu feiern, aber ebenso, um die Profession der Kriegsberichterstattung zu würdigen: „Es ist gefährlich, es ist schwierig, es wird immer gefährlicher und immer schwieriger, aber es gibt keinen Ersatz dafür, dort zu sein." Womit sie das Credo der Verstorbenen vorträgt, die oft von ihrer Pflicht als Journalistin gesprochen hatte: „Unsere Mission ist es, über diese Schrecken des Krieges zu berichten, mit Genauigkeit und ohne Vorurteile." Ihre eigene Mission dauerte 30 Jahre lang, mehr als die Hälfte ihres Lebens.

Schon bei einem ihrer ersten Einsätze in einem Krisengebiet landete Marie Colvin einen Coup, der sie über Nacht als Journalistin berühmt machte. Aus Gründen, die selbst ihr unklar blieben, gewährte ihr Muammar al-Gaddafi, der selbsternannte Herrscher Libyens, eines seiner sehr seltenen, aber immer bizarren Interviews. Geschehen ist dies in den Tagen zwischen dem Anschlag auf die Berliner Diskothek „La Belle", Treffpunkt amerikanischer GIs, der Gaddafi zugeschrieben wurde, und dem daraus resultierenden Angriff der USA auf Tripolis und Bengasi. 25 Jahre später schildert Marie Colvin in der britischen *Sunday Times* noch einmal die Vorgänge vom April 1986: wie sie, wie viele Journalisten, in Libyen um ein Interview mit Gaddafi angefragt hatte, wie sie um drei Uhr morgens angeru-

Marie Colvin, geboren 1956, gilt als eine Journalisten-Ikone unserer Zeit, Vorbild und Mentorin für viele ihrer Kolleginnen. Nach 30 Jahren im Einsatz wurde die Reporterin mit der Augenklappe, die sie seit einer schweren Kriegsverletzung tragen musste, 2012 im syrischen Homs getötet. Ihr Leben wurde verfilmt und ein Journalistikstudium in den USA nach ihr benannt.

fen wurde mit der Nachricht, er erwarte sie, wie sie durch die leeren Straßen von Tripolis chauffiert wurde, von mehreren jungen Frauen (Camouflage-Uniform, High Heels, Pistole an der Hüfte) empfangen und in einen unterirdischen Raum geführt wurde, und wie man sie dort allein ließ. Und dann: „Die Tür öffnete sich. Herein trat Gaddafi, gekleidet in ein rotes kragenloses Seidenhemd, weiße Pyjamahosen aus Seide und Slip-Ons aus Eidechsenleder. Über all dem trug er ein goldenes Cape. Er dreht sich um, schloss die Tür ab, schob den Schlüssel in seine Tasche und sagte: ‚I am Gaddafi.'".

„Jemand muss
hingehen und sich ansehen,
was passiert."

Es war der Mann, den der damalige US-Präsident, Ronald Reagan, den „tollwütigen Hund aus dem Nahen Osten" schimpfte, und den inländische Rebellen später, im Oktober 2011, während des Bürgerkriegs im Land brutal ermordeten. Wenige Monate, nachdem er Marie Colvin in einem letzten Interview erklärt hatte: „Mein Volk liebt mich." Der Mann, der Terroranschläge in aller Welt finanzierte und seine Kritiker umbringen ließ, egal, wohin sie sich geflüchtet hatten. Und der selbst voller Angst in einem Tunnelsystem tief unter der Erde lebte. Er war, so resümierte die Journalistin später, wohl so etwas wie ein Exempel für einen Herrscher, der jeden Bezug zur realen Welt verloren hatte. „Es war klar, dass er in seiner eigenen selbst gemachten Blase lebte. Libyen war das Zentrum einer internationalen Krise, er saß allein in seinem Bunker."

Ihre Einsätze führten sie in den Kosovo, nach Tschetschenien, nach Osttimor, Sri Lanka, nach Äthiopien, Simbabwe, Sierra Leone, nach Afghanistan, Iran, Irak, doch ihr größtes Interesse galt wohl: Gaza, Libyen und immer wieder Syrien – seit dem Beginn des Bürgerkriegs einer der gefährlichsten Orte der Welt, auch für Journalisten. Zum zehnten Jahrestag des Konflikts, im Frühjahr 2021, zieht die Organisation „Reporter ohne Grenzen" eine erschütternde Bilanz: „Demnach wurden in Syrien seit 2011 mindestens 300 Medienschaffende getötet, möglicherweise sogar noch deutlich mehr." Was bedeutet: Nirgendwo sonst auf der Welt kamen bisher in einem Konflikt mehr ReporterInnen ums Leben als dort. Auch Marie Colvin wird nicht lebend zurückkehren. Ein Spielfilm, „A Private War", mit Rosamund Pike in der Hauptrolle wird die letzten Jahre von Marie Colvin festhalten, ebenso wie die Filmdokumentation „Under The Wire", die ihren Einsatz in Syrien beschreibt.

Bis zum Ende ein unzertrennliches Team: Marie Colvin mit dem Fotografen Paul Conroy. Bei dem tödlichen Angriff der syrischen Armee auf Marie Colvin in Homs wird Paul Conroy schwer verletzt.

Ob er glücklich sei, mit Marie zu arbeiten, wird der Fotograf der *Sunday Times*, Paul Conroy, irgendwann im Winter 2011 von seinem Chef gefragt. „Machst du Scherze?“, gibt der entgeistert zurück. „Sie ist eine verdammte Legende.“ Kaum jemand kennt die Journalistin und ihren Job so gut wie Conroy, zehn Jahre lang waren sie als Team unterwegs – er machte die Fotos, sie schrieb die Texte, beide achteten aufeinander. „Wir wollten beide immer das Gleiche, noch mehr, noch näher ran“, sagt er in einem Interview. Es war diese Unbedingtheit, diese kompromisslose Leidenschaft, die Marie Colvin tatsächlich zur Legende machte. Später sagten ihr KollegInnen nach, sie sei ein Adrenalin-Junkie gewesen, habe ihre Grenzen nicht erkannt, zu viel Ehrgeiz und auch zu viel Alkohol. Sie selbst sah es anders. In einer Rede, die sie gut ein Jahr vor ihrem gewaltsamen Tod bei einer Gedenkveranstaltung zu Ehren getöteter Kriegsjournalisten hielt, sagte sie schlicht: „Jemand muss hingehen und sich ansehen, was passiert.“ Über einen Krieg zu berichten, bedeute, „an Orte zu gehen, die von Chaos, Zerstörung und Tod zerrissen sind, und zu versuchen, Zeugnis abzulegen. Das heißt, zu versuchen, die Wahrheit zu finden in einem Sandsturm von Propaganda, wenn Armeen, Stämme und Terroristen aufeinanderprallen".

„What is bravery, and what is bravado?" – was ist Tapferkeit und was ist tollkühn?, fragte sie sich und ihr Auditorium. „Wir müssen uns immer selbst fragen, welches Risiko die Story wert ist ... Journalisten, die über den Kampf berichten, tragen große Verantwortung und müssen sich schwierigen Entscheidungen stellen. Manchmal zahlen sie den ultimativen Preis." Es sei niemals gefährlicher gewesen, als Kriegskorrespondent zu arbeiten, denn längst seien Journalisten in Kampfzonen selbst zum Ziel geworden. Doch „wir verändern etwas, wenn wir vom Grauen des Krieges und speziell von den Grausamkeiten gegen die Zivilbevölkerung berichten". Dann spricht sie von 2001, vom Angriff auf ihre eigene Person. „Ich verlor mein Auge bei einem Hinterhalt im Bürgerkrieg in Sri Lanka. Ich war in einer Gegend der Tamilen unterwegs, die für Journalisten verboten war, und fand eine humanitäre Katastrophe vor, über die bisher nicht berichtet worden war. Als ich mich zurück über die Grenze schmuggeln ließ, schoss ein Soldat eine Granate auf mich ab, ein Schrapnell traf mich ins Gesicht und in die Brust. Er wusste, was er tat." Danach habe sie sich gelegentlich gefragt, ob es das wirklich wert war, sagt sie später, aber ihr Ja blieb unverändert. „Ich dachte das damals, und ich muss sagen, ich tue es immer noch." Die schwarze Augenklappe, die sie seit der Verwundung trug, wurde zu ihrem Markenzeichen. Doch der Anschlag verfolgte sie. Jahre später musste sie sich eingestehen, an einer schweren posttraumatischen Belastungsstörung zu leiden. Sie begab sich in Behandlung, sie reduzierte ihre Arbeit, doch die psychischen Einbrüche und die Flashbacks blieben Teil ihres Lebens.

Nur weil die Reporterin Marie Colvin vor Ort bleibt und weiter berichtet, rettet sie tausenden hilflosen Menschen in einem Flüchtlingslager das Leben

Ein Risiko eingehen, um Schutzlosen zu helfen – nach ihrem Tod werden ihre Verdienste noch einmal hervorgehoben. 1999 zum Beispiel, in Südostasien, ein Einsatz, an den auch ihr Chef bei der *Sunday Times*, Sean Ryan, erinnert: „Als Marie aus Osttimor berichtete, half ihre Anwesenheit in einem Flüchtlingscamp der Vereinten Nationen dabei, das Leben von tausenden Menschen zu retten, die von der indonesischen Armee belagert wurden. Zu diesem Zeitpunkt hatten die meisten DiplomatInnen und JournalistInnen das Lager bereits verlassen, weil es zu gefährlich wurde. Marie entschied sich, zu bleiben, und schaffte es sogar, über das Fernsehen von vor Ort zu berichten. Ihre Entschlossenheit führte dazu, dass die UN nach vier Tagen die festsitzenden Menschen aus dem Lager befreiten und nach Australien brachten, wo sie ein neues Leben beginnen konnten. Später sagten ihr UN-MitarbeiterInnen, dass es vor allem ihr Verdienst war, dass diese Menschen gerettet wurden." Sie selbst hatte es so erklärt: „In gewisser Weise war es eine harte Entscheidung, weil ich bedenken musste, dass ich hier sterben könnte. Aber zugleich hatte ich nicht das Gefühl, dass ich damit leben könnte, wenn ich wegginge. Es war moralisch falsch, diese Idee, wir könnten da rausgehen, goodbye sagen, und all diese Leute wüssten, sie würden jetzt getötet werden. Ich hätte nicht anders entscheiden können."

„Ich werde noch eine Woche bleiben. Jeder Tag ist Horror."

Und so war es dann auch in Syrien, in der belagerten Stadt Homs, ein Höllenloch, wie Marie Colvin ihrem Lebensgefährten, dem Geschäftsmann Richard Flaye, kurz vor dem Abschied zur letzten Dienstreise noch sagte. Vom Libanon aus ließ sie sich heimlich über die Grenze nach Syrien führen, gemeinsam mit Paul Conroy. Die Rebellen bringen sie in einem Haus im Stadtteil Baba Amr unter, in einem Viertel, in dem 28.000 Menschen von der Armee eingekesselt sind, ohne Wasserversorgung, ohne Strom, ohne ausreichende Nahrung. Im einzigen Krankenhaus, das überhaupt noch in Betrieb ist, werden die Verletzten und Sterbenden vom einzigen Arzt behandelt, der noch im Einsatz ist – es ist ein Tierarzt. Sie wird noch zwei letzte Berichte an ihre Zeitung in London absetzen können und live auf BBC ihre Eindrücke schildern. Und einige E-Mails schreiben: „Mich macht krank und ich verstehe nicht, wie die Welt einfach zuschauen kann, während ich hier durchhalte. Sah heute ein Baby sterben. Bombensplitter. Die Ärzte konnten nichts tun." Ihre Redaktion, Freunde und Richard Flaye beschwören sie, die Recherche abzubrechen und Syrien zu verlassen. Ihre letzte Mail geht an ihren Lebensgefährten: „Ich werde noch eine Woche bleiben. Jeder Tag ist Horror. Ich denke ständig an dich."

Am nächsten Morgen, es ist der 22. Februar 2012, gegen sechs Uhr, starten die Regierungstruppen gezielt einen Granatenhagel auf das Haus, in dem Marie Colvin, Paul Conroy und einige andere JournalistInnen ausgeharrt haben. Conroy und die französische Reporterin des *Figaro*, Edith Bouvier, überleben schwer verletzt. Marie Colvin und der französische Fotograf Rémi Ochlik sind auf der Stelle tot.

Nach diesem Einsatz hatte sie auf eine längere Segeltour gehen wollen – Hochsee-Segeln, ihre große Leidenschaft. Eines ihrer Lieblingslieder war Simon & Garfunkles „Bridge Over Troubled Water", in dem es heißt, „Sail on silver girl". Die *Sunday Times*, die Zeitung, für die sie 26 Jahre über Kriege und Krisen berichtet hatte, verabschiedete sie mit der traurigen und irgendwie auch tröstlichen Zeile: „The silver girl sails off into the night."

GERTA TARO

„... kommt einem der absurde Gedanke,
daß es irgendwie unfair ist, noch am Leben zu sein.“

An den Straßenrändern standen die Menschen Spalier, Zehntausende folgten dem Trauerzug, angeführt von Prominenten wie Pablo Neruda, Elsa Triolet, Louis Aragon, Tristan Tzara und von einer Kapelle, die Chopins Trauermarsch spielte. Was Paris an diesem strahlenden Sommertag erlebte, war weit mehr als eine Beerdigung. Dies war eine Kundgebung gegen den Faschismus, eine Demonstration der Solidarität mit der Spanischen Republik und dem spanischen Widerstand – und wäre damit wohl sehr im Sinn der jungen Frau gewesen, die hier zu Grabe getragen wurde. Es war der 1. August 1937, es war Gerta Taros 27. Geburtstag. Die Frau, die als erste weibliche Fotografin den Spanischen Bürgerkrieg mit ihren Bildern dokumentierte und die dabei auf dem Schlachtfeld von Brunete, 25 Kilometer westlich von Madrid, ihr Leben verlor. Und die nun als Heldin, als antifaschistische Märtyrerin gefeiert wurde.

Gerta Taro, geboren 1910 (auch als Gerda Taro bekannt), war 1933 auf der Flucht vor den Nazis nach Paris emigriert, wo sie den Fotografen Robert Capa kennenlernte und durch ihn die Fotografie für sich entdeckte. Überzeugte Antifaschisten, zog das Paar als Berichterstatter in den Spanischen Bürgerkrieg, wo Gerta Taro 1937 während eines Angriffs so schwer verletzt wurde, dass sie wenige Stunden später starb. Der Trauerzug in Paris wurde von Zehntausenden Menschen begleitet, ihr Werk jedoch geriet in Vergessenheit – es wurde erst 70 Jahre nach ihrem Tod wiederentdeckt und seitdem in großen Ausstellungen gezeigt. In Paris, Leipzig und Stuttgart erinnern heute Straßennamen an sie.

Als sie auf dem Friedhof Père Lachaise zur letzten Ruhe gebettet wird, sollte Gerta Taro eigentlich in aller Eile ihre große Reise nach China vorbereiten, ihre Taschen packen, sich um Akkreditierungen und die nötigen Formulare bemühen, Filme kaufen und ihr Fotoequipment überprüfen. Gerade erst hatte ihr Freund und Kollege Robert Capa für sie beide, das Team Capa & Taro, den Auftrag des renommierten US-Magazins *Life* ergattert, von Fernost über die Krise zwischen Japan und China zu berichten. Es wäre der Karriereschritt und die Anerkennung gewesen, auf die beide seit bald zwei Jahren überaus zielstrebig hingearbeitet hatten. Nun ist Gerta Taro tot, und das kongeniale Fotografenteam wird die Welt nicht mehr gemeinsam erobern. Robert Capa, späterer Mitbegründer der Fotoagentur Magnum, sollte nach vielen Monaten der Verzweiflung und der Trauer um seine Geliebte allein in den Krieg zurückkehren. China, Zweiter Weltkrieg, Nahost, Indochina. 1954, in Thái-Bình, kommt auch er ums Leben, als er im Kriegsgebiet auf eine versteckte Personenmine tritt. Ein Jahr später wird die Geschichte des Paars in einem Stück Literatur verewigt, als Capas gute Freundin Martha Gellhorn sie in einer Novelle – „Bis der Tod uns scheide“ – niederschreibt. Doch da ist die Fotografin Taro, einst gefeierte Pionierin der Kriegsberichterstattung, längst in Vergessenheit geraten. Auch ihre Familie gibt es nicht mehr, sie wurde von den Nationalsozialisten ermordet.

Dass Gerta Pohorylle, die sich im Herbst 1935 den Kunstnamen Taro gegeben hatte, nach Spanien gehen und von da an beharrlich den Kampf der Republikaner gegen die Faschisten verfolgen sollte, war eine Herzensentscheidung. Die gebürtige Stuttgarterin, Tochter einer jüdischen, aus Ost-Galizien eingewanderten Familie, hatte schon als Schülerin lernen müssen, was Ausgrenzung, Verfolgung und Unterdrückung sind. 1929 war die Familie vom Schwäbischen nach Leipzig gezogen, wo Gerta wie auch ihre beiden Brüder recht schnell einen neuen Freundeskreis fand. Der war ebenfalls vorwiegend jüdisch und obendrein politisch links – und damit automatisch im Visier der Nationalsozialisten. Die Nazis waren 1930 als zweitstärkste Kraft in den Reichstag eingezogen, seitdem nahmen rassistische Angriffe, Schlägereien und blutige Attacken auf die Linken ständig zu. Eine Gefahr, die Gerta durchaus bewusst war. So schrieb sie, 20-jährig, einer Stuttgarter Freundin, sie werde sich bald wieder melden, „wenn mich die Nazis nicht vorher totschlagen".

Tatsächlich wurden die Zeiten beständig dunkler – doch die Linke ließ sich nicht unterkriegen. Im März '33, nur Tage nach dem Reichstagsbrand, der zahlreiche willkürliche Verhaftungen nach sich zog, tauchten an Leipziger Hauswänden antifaschistische Parolen auf, in Telefonzellen fanden sich Flugblätter, andere flatterten vom Dach eines Kaufhauses. 70 Menschen wurden verhaftet, am 18. März erschien die SA dann in der Wohnung Pohorylle, auf der Suche nach Gertas Brüdern, die wohl an der Aktion teilgenommen hatten. Beide waren längst untergetaucht, also nahm man die 22-Jährige mit. Am Ende kam sie grade nochmal davon. Obwohl man ihr Verbindungen zu einer kommunistischen Gewerkschaft vorwarf, wurde sie nach 17 Tagen aus dem Polizeigefängnis entlassen, was der Hartnäckigkeit ihrer Eltern, ihrem polnischen Pass, der Intervention des polnischen Konsulats und einer gewissen Naivität, die sie vorgeschützt hatte, zu verdanken war. Doch nun war Gerta endgültig gewarnt. Im späten Herbst 1933 war sie in Paris, Sehnsuchtsziel deutscher Emigranten.

Harte Zeiten in Paris, wo es für Emigranten kaum Arbeit gibt: Immer wieder legt sie „Hungertage" ein, bleibt im Bett, um so Kalorien zu sparen

Die schwere Anfangszeit überstand die junge Frau mit Zähigkeit, Galgenhumor und Gewitztheit. Mit ihrer Leipziger Freundin Ruth Cerf teilte sie sich ein von Wanzen besetztes Zimmer, und wenn das Geld nicht reichte, legten die beiden „Hungertage" ein, wie sie es nannten: Sie blieben im Bett, um Kalorien zu sparen. Zwar hatte Gerta Pohorylle in der Schule Französisch und auch Schreibmaschine schreiben gelernt, doch da sie keine Arbeitserlaubnis bekam, war sie auf Schwarzarbeit angewiesen, Sekretärin, Zeitungsverkäuferin, stundenweise

Hilfsjobs. Wenn Freunde aus Deutschland nicht regelmäßig Geld geschickt hätten, wäre sie nicht über die Runden gekommen. Zukunft? Wahrscheinlich hatte sie keine Idee, wie die gelingen könnte.

Doch dann lernte sie André Friedmann kennen, und plötzlich wurde vieles anders. André, gebürtiger Ungar, wie Gerta aus einer jüdischen Familie, hatte in Berlin Journalistik studiert und war nach Hitlers Machtübernahme ebenfalls nach Paris emigriert, wo er sich mit Fotoaufträgen über Wasser hielt. Als er in einem Café Ruth Cerf ansprach, ob er sie für eine Werbebroschüre fotografieren dürfe, „er brauche so ein blondes, blauäugiges Mädchen mit kurzen Haaren", nahm diese vorsichtshalber ihre Freundin Gerta mit, weil sie „mit dem Typ nicht alleine sein wollte". Die freundet sich mit dem drei Jahre Jüngeren ziemlich schnell an, bald half sie ihm bei der Fotoentwicklung und schrieb – tadellos in drei Sprachen – die Bildunterschriften für seine Fotos. Schließlich wurden die beiden ein Paar. Und hatten bald große Pläne.

„Friedmann machte die Aufnahmen, Gerda verkaufte sie, und als Urheber wurde der nicht existente Capa angegeben."

Durch einen glücklichen Zufall hatte André für seine Freundin einen Job in der Agentur Alliance Photo aufgetrieben. Dort lernte sie sehr schnell, worauf es bei der Vermarktung auch ankommt: Eine gute Story entscheidet über den Erfolg. Da Friedmanns Bilder zwar gelobt, aber schlecht bezahlt wurden, erfand das Paar kurzerhand die Legende eines scheuen amerikanischen Fotografen, dessen Bilder Gerta anbieten sollte. Sein Name: Robert Capa. Die Namensänderung zahlte sich aus. „Friedmann machte die Aufnahmen, Gerda verkaufte sie, und als Urheber wurde der nicht existente Capa angegeben. Da dieser Capa angeblich so reich war, weigerte Gerda sich, seine Bilder für weniger als 150 Francs pro Foto an französische Zeitungen zu verkaufen – dreimal mehr als der damalige Kurs", erinnert sich John Hersey, ein amerikanischer *Time*-Journalist.

Auch Mademoiselle Pohorylle änderte ihren Namen und firmierte künftig unter dem Pseudonym Gerta Taro (gelegentlich auch Gerda Taro genannt): als Agentin, Managerin und Sekretärin für Robert Capa und immer öfter auch als Fotografin im Team mit Capa, von dem sie sich nach und nach die Technik beibringen lässt und das Nötige abschaut. Nach dem 17. Juli 1936, als die faschistischen Generäle in Spanien gegen die republikanische Regierung putschten, tritt sie schließlich auch als Kriegsfotografin auf.

„Ausbildung am Strand" – das wohl bekannteste Bild der Fotografin Gerta Taro zeigt eine republikanische Soldatin im August 1936 bei Schießübungen am Strand von Barcelona.

Als Capa und Taro am 5. August in Barcelona eintreffen, herrscht dort Ruhe, „das Volk hat triumphiert", wie Capa erleichtert meint. Die katastrophale Anreise dürfte beiden noch in den Knochen gesteckt haben. Der Verleger der Zeitschrift *Vu* hatte eine kleine Propellermaschine gechartert, die wegen eines technischen Problems kurz vor der Stadt notlanden musste und dabei auch noch auseinanderbrach. Auf wundersame Weise wurden nur zwei der Insassen leicht verletzt, Capa und Taro, beide unversehrt, können sich sofort in die Arbeit stürzen und ihre Bilder nach Paris schicken: weibliche und männliche Milizionäre flirtend im Liegestuhl, das Gewehr in der Mitte; eine junge bewaffnete Frau im Straßencafé bei der Lektüre eines Modemagazins; Schießübungen hinter Sandsäcken; uniformierte Männer mit ihren Kindern, die auf den Barrikaden spielen; Soldaten, die aus einem Eisenbahnabteil fröhlich winkend Richtung Front abfahren – das Journalistenpaar beeilt sich, die Atmosphäre im Land einzufangen. Was sie zeigen, ist eine Stimmung aus Anspannung und sommerlicher, hoffnungsfroher Lebensfreude.

Legendär wird eines der Bilder, die Gerta Taro bereits im August am Strand von Barcelona gelingen und das sie „Ausbildung am Strand“ nennt: Eine republikanische Soldatin im dunklen Anzug und mit halbhohen Schnürschuhen, wie sie mit einem Bein im Sand kniet und ihren rechten Arm auf dem rechten Knie abstützt, während sie mit ihrem silbernen Revolver nach vorne zielt. Es ist eine der wenigen Aufnahmen aus dieser Anfangszeit, die eindeutig Gerta Taro zuzuordnen sind. Die meisten ihrer Bilder, die in den französischen Zeitungen *Vu*, *Regards*, *Ce Soir* erscheinen und die sie tatsächlich selbst fotografiert hat, werden unter dem Namen Robert Capas, bestenfalls unter „Capa & Taro“ veröffentlicht. Wie groß ihr eigener Anteil daran ist, das wird sich erst Jahrzehnte später herausstellen. Der Name Capa ist bald als Marke etabliert. Doch sich im Schatten ihres Freundes und Lehrers einen eigenen Namen zu machen, wird ungeheuer schwer für die junge Frau.

Mehr als 20.000 Deutsche ziehen als Freiwillige in den Spanischen Bürgerkrieg

Ob JournalistInnen, BeobachterInnen, Krankenschwestern, ÄrztInnen, DolmetscherInnen, FahrerInnen, KämpferInnen oder sonstige Freiwillige, es sind Tausende, die dieser Krieg – Auftakt zu einem sehr viel größeren Kriegsgeschehen – im Jahr 1936 anzieht. Prominente wie Ernest Hemingway, Willy Brandt, Egon Erwin Kisch, Antoine de Saint-Exupéry, Martha Gellhorn, George Orwell, Simone Weil werden berichten, ganze Legionen werden auf den beiden Seiten – für Republikaner oder Faschisten – kämpfen, darunter allein mehr als 20.000 aus Deutschland. Bilder und Reportagen sorgen in den jeweiligen Heimatländern für Furore, dienen aber ebenso als Propaganda.

Während sich faschistisch regierte Staaten wie Deutschland und Italien aufseiten der Putschisten, die Sowjetunion aufseiten der republikanischen Regierung militärisch engagierten, ließen die demokratischen Staaten Europas wie auch die USA die spanische Demokratie ziemlich allein. Frankreichs Präsident Albert Lebrun hatte ein sogenanntes Nichteinmischungskomitee ins Leben gerufen mit dem Ziel, einen Krieg zu verhindern. Knapp 30 Staaten waren Teil dieses Komitees, darunter auch diejenigen, die längst aktiv eingegriffen hatten. Für alle, die die Kämpfe, die im ganzen Land aufs Erbittertste tobten, beobachteten, der absolute Hohn. Auch Gerta Taro verachtete diese Nichteinmischung von ganzem Herzen, wie Claud Cockburn, ein britischer Journalistenkollege berichtet. Einmal seien sie beide unter Beschuss der deutschen Legion Condor, Unterstützer der Faschisten, geraten. Die Chancen, lebend davonzukommen, seien gering gewesen. „Da stand sie auf und sagte, während sie die Flugzeuge zu fotografieren begann: Falls wir hier trotzdem rauskommen, werden wir dem Nichteinmischungsausschuß etwas vorlegen können.“ Ähnlich kühl reagierte sie während eines schweren Gefechts im Wald vor Madrid, als ein Geschoss am Stativ ihrer Kamera abprallte. Gertas knapper, oft kolportierter, Kommentar: „Besser als ins Herz."

„Ich weiß noch sehr gut, dass sie bildschön war, sie hätte ein Filmstar sein können, und dass sie keine Angst hatte."

Auch wenn sie in der Zeit zwischen August 1936 und ihrem Tod ein Jahr später immer wieder nach Paris zurückkehrte, so gehörte Gerta Taros größtes Engagement diesem Kampf für die Demokratie und gegen Unterdrückung. Wie ihre KollegInnen sah sie sich nicht als neutrale Berichterstatterin, sondern als Partei auf der richtigen Seite, Teil der freien Welt, die den Vormarsch der Faschisten zurückschlagen will. Ihre Aufgabe dabei: die Menschen wachrütteln, den Kampf der Republik unterstützen, die Katastrophe sichtbar machen. Oder, wie Robert Capa sagte: „Die Wahrheit ist das beste Bild." Und dafür riskiert sie alles. So auch im Sommer 1937. Nach einem Auftrag in Valencia, wo sie beim Schriftstellerkongress fotografiert hatte, und einem Abstecher nach Paris zum Nationalfeiertag war sie Ende Juli erneut in Spanien angekommen. Robert Capa, mit dem sie meist die Einsätze geteilt hatte, war in Paris geblieben, um über eine Reportagereise nach China zu verhandeln, sie selbst wollte ebenfalls bald zurück sein. Am 25. Juli, einem Sonntag, sollte es zum vorerst letzten Mal an die Front in der Nähe von Madrid gehen. Begleitet wurde sie von Ted Allan, der als Soldat für die Internationalen Brigaden wie auch als Schriftsteller in diesem Krieg kämpfte, und der später von der Tragödie berichtete.

Danach waren sie am Nachmittag bei Brunete mitten in die Kämpfe geraten und hatten sich in einem Unterstand, einem kleinen Erdloch, notdürftig vor Luftangriffen, Bomben und Maschinengewehrfeuer in Sicherheit gebracht. Gerta hatte alle Filme verbraucht, als der Beschuss nach Stunden abflaute und sie versuchten, in die Stadt zurückzukommen. Panzer, Autos, zu Fuß Flüchtende, Tote und Verletzte – das Chaos muss grauenvoll gewesen sein. Der Fahrer eines Wagens, der Verletzte transportierte, bot an, sie könnten auf den Trittbrettern mitfahren. Sie kamen nicht weit. Plötzlich griffen erneut Tiefflieger an, im Tumult geriet ein Panzer ins Schlingern und rollte auf die Kolonne zu. Er streifte den Wagen, riss Gerta Taro vom Trittbrett und überrollte ihren Unterleib. Schwer verletzt wurde sie ins Feldlazarett gebracht und dort noch operiert. Die amerikanische Schwester Irene Spiegel kümmerte sich um Gerta. „Ich hatte ihr Morphium verabreicht – Penizillin oder Antibiotika hatten wir nicht und sie hatte zum Schluss keine Schmerzen. Ich weiß noch sehr gut, dass sie bildschön war, sie hätte ein Filmstar sein können, und dass sie keine Angst hatte." Am frühen Morgen des 26. Juli war Gerta Taro tot. Sogar in Übersee wird ihr Tod mit Trauer und Erschütterung aufgenommen, das US-Magazin *Life* schreibt: „Sie ist wahrscheinlich die erste Fotografin, die jemals gefallen ist."

Über Jahrzehnte vergessen, wird ihr fotografisches Erbe seit einigen Jahren wieder gewürdigt. 2007 waren in Mexiko mehrere Kartons mit Filmstreifen und Originalfotos von Robert Capa und Gerta Taro entdeckt und ausgewertet worden. Jetzt konnte anhand von wissenschaftlichen Analysen nachgewiesen werden, welche der „Capa & Taro"-Bilder tatsächlich von der jungen Fotografin stammen. 70 Jahre nach ihrem Tod wurden ihre Bilder in New York gezeigt – es war ihre erste Einzelausstellung. In Leipzig und in Paris sind heute Straßen, in Stuttgart ist ein Platz nach ihr benannt.

Ob sie während der vielen Monate an der Front jemals damit gerechnet hat, es könne auch ihr Ende sein? Sie stand dem Grauen des Krieges wohl eher fassungslos gegenüber. Sehr viel später erzählte ihr Kollege Claud Cockburn von einem Gespräch, keine drei Wochen vor ihrem Tod. In dem habe sie nachdenklich gesagt: „Wenn man bedenkt, wieviele großartige Menschen, die wir beide kennen, allein in dieser Offensive umgekommen sind, kommt einem der absurde Gedanke, daß es irgendwie unfair ist, noch am Leben zu sein."

ANNA POLITKOWSKAJA

„Wenn ich getötet werde,
sucht die Mörder im Kreml.“

Zwei Kugeln in die Brust, eine in die Schulter, die letzte gezielt in die Schläfe. Dann legt der Mörder die Waffe neben sein Opfer und verlässt in aller Seelenruhe das Haus. Es ist der 7. Oktober 2006, kurz nach 16 Uhr – Anna Politkowskaja, die bekannteste Journalistin des Landes, ist tot. Mitten in Moskau vor der Lifttür ihres Wohnhauses erschossen von einem Mann, der sich offenbar sehr sicher fühlte, denn er kam am helllichten Tag und unmaskiert, trotz der Videoüberwachung am Hauseingang.

Unbestechlich, furchtlos, unbeugsam, in den Nachrufen, die nach ihrem Tod weltweit erscheinen, wird Anna Politkowskaja noch einmal als die gewürdigt, die sie war: eine aufrechte Journalistin, die den Dingen auf den Grund ging, die richtig und falsch unterscheiden konnte, und die das aufschrieb, was ihr das Gewissen vorgab. Eine Frau, die sich nicht einschüchtern ließ, die für ihre Liebe zur Wahrheit und Gerechtigkeit auch das eigene Leben einsetzte. Und deren Schicksal auf eine unbedingte Weise, die wohl nur sie selbst erklären konnte, mit dem der Menschen im fernen Tschetschenien verbunden war.

Es ist eine Region, die seit Jahrhunderten von Kämpfen, von Vertreibung und von Unterjochung geprägt ist. Und dies bis in unsere Zeit. Im Jahr 1999 schickte Russlands Präsident Wladimir Putin seine Truppen zu einer sogenannten „Anti-Terror-Operation", wie er diesen Krieg nannte, ins Land und übernahm dann die Herrschaft in der unabhängigen Teilrepublik Russlands. 2007 wurde Ramsan Kadyrow als Präsident von Moskaus Gnaden eingesetzt, der Krieg war offiziell erst 2009 beendet. Menschenrechtsorganisationen werfen Kadyrow einen autokratischen Regierungsstil vor, geprägt von Terror, Folter und Mord, auch der Europarat hat den Umgang mit Minderheiten oder Andersdenkenden mehrfach angeprangert. Der Tschetschenen-Präsident, der mit seinen Männern im Jahr 2022 an der Seite der russischen Truppen gegen die Ukraine kämpft und dort als „Warlord" und „Bluthund" gefürchtet wird (angeblich macht er auch Jagd auf Russen, die desertieren wollen und exekutiert sie), reagiert auf das alles mehr als gelassen. Schon vor Jahren wurde er mit dem Satz zitiert: „Solange mich Putin unterstützt, kann ich tun, was ich will."

Seinen Aufstieg zum Präsidenten sollte Anna Politkowskaja, eine der

Anna Politkowskaja, geboren 1958, war eine der prominentesten Journalistinnen Russlands. Als Tochter ukrainischer Eltern in New York geboren, war sie zum Studium nach Moskau gegangen. Sie schrieb für die *Novaja Gazeta*, deren Chefredakteur 2021 den Friedensnobelpreis erhielt. Wegen ihrer kritischen Berichterstattung, vor allem über den Tschetschenienkrieg, wurde Anna Politkowskaja angefeindet und drangsaliert, ein Attentat mit Gift überlebte sie nur knapp. Am 7. Oktober 2006 wurde sie in Moskau erschossen, zwei Attentäter wurden verurteilt, über die Hintermänner gibt es Mutmaßungen, aber keine Klarheit.

wenigen JournalistInnen, die über Jahre hinweg beharrlich vom Krieg in Tschetschenien berichtet hatten, nicht mehr erleben. Kadyrow und seine Kumpane kannte sie allerdings sehr gut. 2004 hatte sie von einem ausführlichen Gespräch mit dem Mann berichtet, über den sie schrieb: „Dies ist Putins Wille: Ramsan steht über den Gesetzen." Kadyrow erklärt ihr in diesem Interview, er wolle die Ordnung wiederherstellen, Rebellen und Widerständler verfolgen. „Wir werden uns die Banditen vorknöpfen, wo immer sie sich aufhalten." Einige Politiker in Russland, aber auch Journalisten wie Politkowskaja hätten Schuld, dass in Tschetschenien immer noch Krieg herrsche, fährt er die Reporterin an: „Hättet ihr uns in Ruhe gelassen, dann würden wir Tschetschenen schon längst in Frieden leben ... Ihr sät Zwietracht in unseren Reihen ... Du bist unser Feind." Während des Treffens redet er sich in Rage und droht ihr schließlich unverhohlen: „Du bist eine Feindin des tschetschenischen Volkes ... Du wirst dich für alles verantworten müssen, was du getan hast."

Über sieben Jahre hinweg berichtet sie immer wieder über den Krieg in Tschetschenien
Seit 1999 ist Anna Politkowskaja als Sonderreporterin der unabhängigen Moskauer Zeitung *Novaja Gazeta* immer wieder im 1.600 Kilometer entfernten Nordkaukasus im Einsatz, auch die gröbsten Einschüchterungsversuche bringen sie nicht dazu, ihre Recherchen zu beenden, ihre Fragen nicht mehr zu stellen. Für die Mächtigen dort mag sie der Feind sein, für die einfachen Menschen, für die Zivilbevölkerung, ist sie eine der wenigen, die ihnen eine Stimme gibt.

Als Tochter ukrainischer Eltern, die bei der UNO im diplomatischen Dienst arbeiteten, 1958 in New York geboren, hatte Anna Politkowskaja einen weltläufigen Hintergrund und neben der russischen auch die amerikanische Staatsbürgerschaft. Nachdem sie, wie ihr Mann Alexander Politkowski, in Moskau Journalismus studiert hatte, arbeitete sie seit 1982 bei unterschiedlichen Zeitungen, bis sie zur *Novaja Gazeta* kam. Es war die letzte unabhängige Zeitung in Moskau, in Russland bei Politikern, aber auch bei vielen Journalistenkollegen als Nestbeschmutzer verhasst, international höchst angesehen und immer wieder ausgezeichnet. 2021 erhielt Mitbegründer Dmitri Muratow für seine Arbeit und die seiner Redaktion den Friedensnobelpreis.

Anna Politkowskaja, seit den 90ern ein Teil des Teams, berichtete über sieben lange Jahre aus Tschetschenien, allein im Jahr ihres Todes veröffentlichte sie mehr als 30 Artikel. Sie schreibt über russische Kriegsverbrechen, über die Brutalität der einheimischen paramilitärischen Einheiten, über Morde, Folter, Entführungen, über gezielte Gewalt gegen Frauen, staatliche Willkür und über Korruption. Und auch, wenn sie verhaftet wurde und nur knapp einem Mordanschlag entkam, so ließ sie dennoch nicht locker. Denn sie wusste: Ohne sie würde das, was sie einen schmutzigen Krieg nannte, niemals bekannt werden. Im Jahr 2001 übernahm die *Zeit* einen ihrer Artikel aus der *Novaja Gazeta*, in dem sie nicht nur schilderte, was die Bevölkerung in dem Regime des Krieges, der Gesetzlosigkeit, der Unterdrückung erleiden musste – diesmal ging es auch um sie selbst. 90 Familien hatten sich an die Redaktion gewandt und über Strafaktionen in ihren Dörfern berichtet. „Die Vorwürfe waren so ungeheuerlich, dass sie kaum zu glauben waren. Also mussten sie überprüft werden." Am 18. Februar reist die Reporterin daher ins Dorf Wedeno im Süden des Landes und lässt sich von Menschen wie Rosita und Issa erzählen, wie sie von Militärs offenbar völlig willkürlich verhaftet und misshandelt wurden. Beide hatten die Tortur irgendwie überlebt und kamen gegen Lösegeld wieder frei, das Verwandte und die Dorfgemeinschaft aufgetrieben hatten. Doch Anna Politkowskaja hört nicht nur den Opfern zu, sie befragt auch diejenigen, die der Folter beschuldigt werden. Und die fühlen sich absolut im Recht. Ein Oberst führt der Journalistin die sogenannten „Bunker" vor, Erdlöcher, in denen die Gefangenen geduckt und schutzlos in der Winterkälte ausharren mussten. Und dann: „Nur Minuten, nachdem ich mich vom Kommandeur verabschiedet hatte, wurde ich selbst verhaftet."

> „Niemand soll wagen zu behaupten, ich hätte das alles nicht gesehen, gehört und gespürt. Denn ich habe es am eigenen Leib erlebt."

Mit dem Vorwurf, ihre Papiere seien gefälscht, beginnen stundenlange Verhöre, die die jungen Offiziere vom Inlandsgeheimdienst FSB mit einem Befehl von Präsident Putin untermauern. Man beschimpft sie aufs Obszönste, droht ihr mit Erschießung, mit Vergewaltigung, mit detaillierten Beschreibungen dessen, was man ihren beiden Kindern antun werde. Schließlich wird sie selbst in einen der Bunker geworfen. Erst nach vier Tagen kommt sie wieder frei. „Der Albtraum endete mit einem Flug von Tschetschenien ins ossetische Mosdok. Am Hubschrauber verabschiedete sich der Oberstleutnant mit den Worten: ‚Wenn es nach mir gegangen wäre: Ich hätte dich erschossen.'" Auf dem Rückweg nach Moskau zieht Anna Politkowskaja für sich und ihre Leser die erschütternde Bilanz: „All dies geschieht in unserem Land, hier und jetzt ... Und niemand soll wagen zu behaupten, ich hätte das alles nicht gesehen, gehört und gespürt. Denn ich habe es am eigenen Leib erlebt."

Es war nicht das Letzte, was sie am eigenen Leib erleiden sollte. 2002, sie war zurück in Tschetschenien, jagten Mitarbeiter des FSB, Nachfolgeorganisation des berüchtigten KGB, sie durch die Nacht. Viel mochte sie darüber nicht sagen, nur dies: „Ich bin gerannt, weil ich leben wollte." 2004 überlebt sie einen Giftanschlag nur knapp. Als im tschetschenischen Beslan Terroristen eine Grundschule überfallen und Hunderte Kinder als Geiseln nehmen, macht sie sich auf den Weg dorthin. Obwohl sie eigentlich immer mit einem Anschlag rechnet und ihre eigene Verpflegung dabei hat, lässt sie sich an Bord des Flugzeugs eine Tasse Tee servieren. Es hätte sie fast das Leben gekostet. Sie bricht zusammen, Ärzte in der Stadt Rostow am Schwarzen Meer retten ihr das Leben. Ein Jahr später versuchen einige Unbekannte in Moskau, sie aus dem Auto zu zerren. Ob in allen Fällen tatsächlich ein Mordanschlag geplant war oder ob man die unbequeme Reporterin massiv einschüchtern wollte, wird nie ganz klar. Im Herbst 2006 lassen ihr die Häscher dann keine Chance mehr. Sie stirbt am Tag von Präsident Putins 54. Geburtstag – ein Datum, das für viele kein Zufall sein kann.

Trotz der Bilder auf der Überwachungskamera werden erst Jahre nach dem Attentat von Moskau erste Verdächtige verhaftet und 2014 schließlich verurteilt

Obwohl Bilder des Attentäters auf der Überwachungskamera waren, sollte es Jahre dauern, bis ein Verdächtiger verhaftet wurde. Erst im Juni 2014 werden dann zwei Tschetschenen als Schütze und als Organisator der Tat zu lebenslanger Haft verurteilt. Dass Präsident Putin der eigentliche Auftraggeber des Mordes war, gilt für viele als ausgemacht. Der Kreml wiederum hatte argumentiert, der Mord sei ein solcher Imageschaden für das Land – in Wahrheit hätten westliche Drahtzieher damit nur Präsident Putin schaden wollen. Doch Alexander Litwinenko, einstiger Geheimdienstoffizier, sieht es so: „Eine Journalistin vom Rang Anna Politkowskajas kann in Russland nur einer töten: Putin, sonst keiner. In einem Land, das derart vom Geheimdienst kontrolliert wird, vergreift sich niemand an jemandem wie Anna Politkowskaja, ohne dass das sanktioniert wird." Sie selbst hätte es ähnlich gesehen. Überliefert ist dieses Zitat von Anna Politkowskaja: „Wenn ich getötet werde, sucht die Mörder im Kreml."

Rupert Neudeck, Gründer der Hilfsorganisation Cap Anamur, der die Journalistin 1997 in der tschetschenischen Hauptstadt Grosny kennengelernt hatte, schrieb nach ihrem Tod eine traurige und betroffene Würdigung, die mit den Worten endete: „Anna Politkowskaja hat sich um die Menschenrechte verdient gemacht wie kein anderer in Russland. Nun ist sie tot, sie kann nicht mehr schreiben. Das tschetschenische Volk verliert mit ihr seinen besten Vertreter, Botschafter, Anwalt und Schutzpatron." Ihr Sohn Ilja sagte später einmal: „Seit meine Mutter tot ist, ist Tschetschenien ein weißer Fleck. Niemand wagt mehr, von dort zu berichten."

„Das tschetschenische Volk verliert mit ihr seinen besten Vertreter, Botschafter, Anwalt und Schutzpatron.“

RUPERT NEUDECK
ÜBER ANNA POLITKOWSKAJA

NATALIYA GUMENYUK

„Glück und Frieden der Mehrheit können nicht erlangt werden, wenn der Preis dafür das Leiden anderer ist."

Nataliya Gumenyuk, geboren 1983 im russischen Birobidzhan nahe der Grenze zu China, studierte in Kiew und im schwedischen Örebro Journalismus, seit 2002 war sie für verschiedene ukrainische TV-Sender tätig und arbeitete als Freelancer vor allem im Nahen Osten. 2013 wurde sie Mitbegründerin und Leiterin des unabhängigen ukrainischen Fernsehsenders Hromadske und berichtete aus rund 50 Ländern. Seit Kriegsbeginn schreibt sie auch für Medien wie *Die Zeit* und den *Guardian* über die russische Invasion in ihrer Heimat.

Sie rief nicht an. Obwohl sie und ihre Schwester Olena und Mutter Halyna alles miteinander teilen, alles besprechen, rief sie erst einmal nicht an. „Ich wollte den Frieden für sie verlängern, und wenn es nur für ein paar Stunden wäre", schreibt Nataliya Gumenyuk über diesen 24. Februar 2022 in Kiew. Trotz des Überfalls der russischen Armee auf die Ukraine morgens um fünf Uhr – und trotz eines Telefon-Marathons mit Freunden und Kollegen – wollte sie keinen Kontakt zu ihrer Familie. Und tatsächlich: „Die ersten zweieinhalb Stunden seit Beginn der Invasion schliefen sie." Dann wurde die Schwester wach und meldete sich bei ihr. Nun hatte der Krieg also auch für sie und die Mutter begonnen.

Nataliya Gumenyuk kennt den Krieg. 1983 geboren, arbeitet sie seit 2002 als Journalistin, sie hat aus 50 Ländern berichtet, den arabischen Frühling verfolgt, sie kennt die Geräusche von Beschuss und Granatfeuer. „Ich weiß, dass ein lautes Bäng, eine Rakete, eine militärische Explosion auch aus weiter Entfernung zu hören ist." So horcht sie an diesem Morgen auf die Richtung, auf die Distanz, um herauszufinden, welche Ziele die Russen ansteuern. Es schien ihr, als wären militärische Einrichtungen und Militärflughäfen im Visier. Der Präsident der Ukraine vermeldet, die Luftabwehr tue ihre Arbeit. „Dieses Wissen beruhigte mich." Als sie ihrem Mann, der mit Kriegen bisher keine Erfahrung hat, sagt, er solle vom Balkon wegbleiben, witzelt der mit einer Portion Galgenhumor, endlich dürfe er auch mal drin rauchen. Doch als eine Kollegin aus Russland anruft, fragt, wie es um sie stehe und sich entschuldigt für das, was Russland ihr und der Ukraine antut, da ist sie froh, als das Gespräch schnell vorbei ist. „Ich möchte nicht, dass die Journalistin, mit der ich befreundet bin, hört, dass ich weine."

Es ist der erste Krieg, aus dem Nataliya Gumenyuk berichtet, der sich auch in ihrer Stadt und vor ihren Augen abspielt. Sie ist nun Reporterin und zugleich Betroffene – eines der Opfer dieses Angriffs. Es ist eine ungewohnte Rolle, mit der es nur wenige Journalisten jemals zu tun bekommen. Denn in aller Regel informieren sie ein weit entferntes heimisches Publikum, und sie informieren über einen fremden Krieg. Doch für Nataliya Gumenyuk ist es ein Krieg, der ihre Heimat, ihre Familie, ihr Leben bedroht. Ihre Reportagen, die sie von nun an schreiben wird – sie erzählen auch von ihr, ganz persönlich.

Nach ihrem Journalistikstudium an der Universität in Kiew und einem Master in Journalismus, den sie im schwedischen Örebro erwarb, arbeitete sie nacheinander bei diversen TV-Sendern und für mehrere Zeitungen, bis sie 2013 den ukrainischen Fernsehsender Hromadske mit begründete, den sie seit 2015 auch leitet. Außerdem veröffentlicht sie ihre Texte in mehreren Publikationen im Ausland, wie dem *Guardian*, dem *Rolling Stone* und der *Zeit*. Der Krieg dauert knapp zwei Monate, als sie Mitte April 2022 berichtet: „Seit Beginn der russischen Invasion bin ich durch 13 verschiedene Regionen der Ukraine gereist, von Charkiw nach Odessa, vom Donbass nach Mykolajiw. Ich habe mit Hunderten Ukrainern gesprochen – Zivilisten, Militärs, Armen, Reichen, Arbeitern und Geschäftsleuten, ethnischen Russen, Armeniern, Juden, Georgiern, Griechen, Bulgaren, Roma. Alle verstehen sich als Ukrainer. Kein Ort ist vom Krieg unberührt. Ich bin Tausende Kilometer gefahren … Es ist der Krieg des ganzen ukrainischen Volkes, aus einem einfachen Grund. Der Krieg richtet sich gegen das Recht der Ukrainer, zu existieren und friedlich so zu leben, wie sie es für sich entschieden haben."

Im Frühjahr 2022 fährt Nataliya Gumenyuk Tausende Kilometer quer durchs Land und muss schließlich feststellen: Kein Dorf in der Ukraine ist vom Krieg unberührt

In den Dörfern und Städten trifft sie die unterschiedlichsten Menschen, die sie befragt, deren Schicksal sie in ihren Reportagen schildert und festhält. So wie das der Englischlehrerin Julia, die mit ihrem Mann, den beiden Kindern, den Schwiegereltern und ihrer Mutter Ende März von Mariupol ins etwas nördlicher gelegene Dnipro geflohen war. „‚Als die erste Rakete unser Haus in Mariupol beschädigte, gingen wir in eine Wohnung im Haus meiner Schwiegereltern', erzählt mir Julia. ‚Als das beschädigt war, gingen wir in die Wohnung meiner Mutter; da fühlten wir uns auch nicht sicher, also zogen wir in den Keller. Über Wochen hinweg hatten wir kein fließendes Wasser oder Strom. Wir kochten auf Feuerholz von der Straße und schmolzen Schnee, um Wasser zu haben. Ende März war dann überall Beschuss. Wir hatten bereits alles verloren, also beschlossen wir, das Risiko einzugehen, zu fliehen und nicht auf einen Korridor zu warten.'" Von Julias Bruder haben sie nach ihrer Flucht nichts mehr gehört, was die Mutter, eine Überlebende des Holocaust, bis ins Innerste verstört. „‚Wo ist mein Sohn? Wie können wir von hier wegkommen? Warum bin ich hier?' Albina Avramivna, 82, weint ununterbrochen. Sie ist nicht in der Lage, über irgendetwas anderes zu sprechen." Und es ist nur eine von vielen ähnlichen erschütternden Szenen, wie Nataliya Gumenyuk feststellen wird: „Ihre Erfahrungen gleichen denen von Dutzenden Menschen aus Mariupol, mit denen ich gesprochen habe."

Dnipro gilt als Zentrum des Judentums in der Ukraine, mehr als 80 Synagogen und Betstuben habe man in der Stadt im Jahr 1913 gezählt, berichtet die *Jü-*

Eine ukrainische Polizistin sitzt erschöpft und überwältigt neben einer Frau, der sie bei der Evakuierung aus Irpin nahe Kiew geholfen hat.

dische Allgemeine. „Auf die antijüdischen Pogrome Anfang des 20. Jahrhunderts folgte die Nazi-Besatzung. 20.000 Juden wurden in der Stadt erschossen." Erst mit der Unabhängigkeit des Landes wurde die Gemeinde neu gegründet, in der Region leben auch die Eltern von Präsident Wolodymyr Selenskyj. Dass Russland in die Ukraine einmarschiert sein will, um das Land zu entnazifizieren, nennen sie auch in Dnipro einen vorgeschobenen Grund, einfach lächerlich. Und so zitiert Nataliya Gumenyuk den Rabbi Mayer Stambler, der 1991 aus New York eingewandert war, mit den Worten: „‚Wir sollten verstehen, dass dieser Krieg simpel ist: Das Böse gegen das Gute. Jede normale Person versteht das.'" Der örtliche Bürgermeister Filatov ergänzt bitter: „Die ganze Welt hat in aller Ruhe zugesehen, wie ein neues ‚Reich' erschaffen wurde und in Russland während 20 Jahren ein neuer ‚Führer' erwuchs." Binnen weniger Wochen hat die Gemeinde 6.000 Menschen evakuiert.

Schon nach der Annexion der ukrainischen Halbinsel Krim durch Russland im März 2014 war die Journalistin vor Ort, ebenso in den Jahren danach in den östlichen Gebieten Donbass und Luhansk. Meist reist sie mit einer sogenannten Tarnidentität ein, „wahlweise gebe ich vor, eine lokale Übersetzerin oder die Freundin eines estnischen Journalisten zu sein". Nach der Invasion im Februar 2022 resümiert sie knapp: „Die Lektion, die wir nach der Okkupation der Krim und des Donbass im Jahr 2014 mitnehmen können, ist, dass es die Dinge nur schlimmer macht, wenn Schwäche erkennbar wird. Um Russland zu stoppen, müssen die Ukrainer, so lange es nötig ist, zeigen, dass wir unbesiegbar sind." Auch sie stellt sich auf einen langen Kampf ein, und doch müsse man versuchen, ein normales Leben weiterzuführen, so lange es gehe und die Stärke bewahren.

Den ganz eigenen Kampf der Menschen auf der Krim beschrieb Nataliya Gumenyuk schon 2020 sehr ausführlich in ihrem Buch „Die verlorene Insel". Es ist die Zusammenfassung vieler Reisen dorthin und sehr vieler Gespräche, die sie dort mit den Menschen geführt hat. Gespräche, die von Angst und bangen Blicken in eine ungewisse Zukunft handeln, von Zurückweisung und Repressionen, von Einsamkeit und Ausweglosigkeit. Sie zitiert Menschen, wie eine Ukrainischlehrerin, die nun, auf der besetzen Halbinsel, Angst hat, Ukrainisch zu sprechen. „Ich habe auf die russische Staatsbürgerschaft verzichtet und muss nun um eine Aufenthaltserlaubnis für den Ort betteln, an dem ich mein ganzes Leben verbracht habe, an dem ich in den Kindergarten und in die Schule gegangen bin und wo ich jeden Pflasterstein kenne. Und ich muss darum bitten, dass ich hier leben darf? Und ich bin von ihrer Gnade abhängig? Alle meine Freunde leben hier. Es ist eine Sache, freiwillig zu gehen. Doch es ist etwas anderes, die eigene Wohnung verlassen zu müssen. Dabei geht's mir ja nicht mal um die Wohnung! Mein ganzes Leben spielt sich hier ab! Ich müsste meine Seele zurücklassen! Meine Mutter und mein Bruder liegen hier begraben."

> „Was mag ein Mensch empfinden, der unversehens unter eine Fremdherrschaft geraten ist?"

Warum sie dieses Buch schreibe, habe eine Journalistin aus dem Ausland einmal gefragt, so Nataliya Gumenyuk. Es war die Frage, um die auch ihre Gedanken ohne Unterlass gekreist seien. Aber ihre Antwort ist trotzdem denkbar einfach: „Damit die Menschen, die in den vergangenen Jahren nicht auf der annektierten Krim gewesen sind oder dort gelebt haben, zumindest eine vage Vorstellung vom Leben dort bekommen." Denn die große Frage sei doch: „Was mag ein Mensch empfinden, der unversehens unter eine Fremdherrschaft geraten ist?“ Als Resümee ihrer Erlebnisse und ihrer Erfahrungen in Zeiten von Krieg und Unterdrückung kommt sie zu einer tiefen Überzeugung: „Relatives Glück und Frieden der Mehrheit können nicht erlangt werden, wenn der Preis dafür das Leiden anderer ist.“

Auch wenn ihr das Schicksal der Krim und die weiteren Gefahren für ihr Land bewusst waren, hatte sie die Hoffnung bis Kriegsbeginn dennoch nie aufgegeben. In diversen Gruppen hatte sich die Journalistin für ein Miteinander engagiert, nach Wegen für eine Versöhnung zwischen Ukrainern und Russen im Donbass gesucht. Sie habe mit vielen Regierungsmitarbeitern gesprochen, berichtet sie, „niemand hatte an den Einmarsch geglaubt. Sie dachten, Russland sei klar, wie sehr es sich damit selbst schaden würde. Und sie wollten an der Hoffnung auf Vernunft und Humanität festhalten“. Nach dem 24. Februar 2022 beteiligt sich Nataliya Gumenyuk dann an Thinktanks und Panels, in denen die unterschiedlichsten Szenarien für ein Ende des Krieges durchgespielt werden. „Das einzige Szenario aber, das mir gerecht erscheint, ist dieses: Die russischen Soldaten hören auf zu kämpfen – und der Krieg ist vorbei. Wenn die ukrainische Armee aufgäbe, würde die ukrainische Bevölkerung abgeschlachtet.“

Doch im Grunde will sie sich mit dieser Art Gesprächsrunden nicht mehr unbedingt beschäftigen. „Ich versuche eigentlich, es zu vermeiden, an Online-Konferenzen teilzunehmen, solange ich als Reporterin unterwegs bin. Ich finde dann nicht die Kraft, einem westlichen Publikum irgendetwas zu erklären oder zu beweisen. Ich denke, es ist doch genug, dass ich aufschreibe, was ich sehe. Die Dinge sind so offensichtlich.“

Immer wieder teilt Nataliya Gumenyuk in ihren Reportagen aus dem eigenen Land ihre eigenen Erwartungen, ihren Optimismus, aber auch ihre Albträume. Nach dem Horror von Butscha habe sie grässliche Angst davor, was den Menschen im Donbass bevorstehen könnte, „die in den letzten acht Jahren in tapferer Loyalität zum ukrainischen Staat standen“. Doch dann macht sie sich wieder Mut. „Ukrainer sind sehr resilient, weil wir wissen, wie man sehr schnell in den Überlebensmodus umschaltet. Das ist unsere Geschichte. Du machst, was du tun musst, weil du keine zweite Chance kriegen könntest. Seltsamerweise bin ich es, die die Freunde und Kollegen im Westen beruhigt, die beklagen, dass sie sich hilflos fühlen. Wir hier in der Ukraine fühlen uns nicht hilflos“, schreibt sie am 21. April 2022, fast zwei Monate nach Kriegsbeginn. Im Gegenteil: „Dieser Tage ist eines der populärsten Bilder in der Ukraine ein Foto von einem Küchenschrank, der unangetastet an der Wand eines ausgebombten Gebäudes in Borodyanka, nahe Kiew, hängt. ‚Wenn ein Küchenschrank standhält‘, sagen die Leute, ‚dann können wir das auf jeden Fall.‘“

ALICE SCHALEK

„Oben stehen wir geduckt in dem Schützengraben, der sich rund um den Gipfel zieht …“

Gerade einmal zwei Jahre dauerte ihre Mission als Reporterin, doch diese zwei Jahre haben Spuren hinterlassen. War die Österreicherin Alice Schalek doch als erste weibliche Kriegsberichterstatterin im Ersten Weltkrieg akkreditiert, und dies zu einer Zeit, als Frauen weder Wahlrecht noch die Wahl des eigenen Berufs zugestanden war. So erregten ihre Berichte von den Schlachtfeldern, die sie in einer Wiener Zeitung veröffentlichte und in zwei Büchern zusammenfasste, gleich an mehreren Fronten Aufsehen. Einerseits bei denjenigen, die der Meinung waren, eine Frau sollte daheim bei ihren Kochtöpfen bleiben. Andererseits bei denjenigen, die sich für die Tapferkeit der Korrespondentin begeistern konnten und sie sogar mit einer Tapferkeitsmedaille auszeichneten. Und dann war da noch Karl Kraus, Journalist, Kriegsgegner und ihr erbitterter Gegner.

Alice Schalek war in vielem außergewöhnlich, erst recht für ihre Zeit. 1874 in Wien als Tochter einer begüterten jüdischen Familie geboren, besuchte sie das Lyzeum, lernte mehrere Fremdsprachen und traute sich schon 1902 mit einem ersten Roman an die Öffentlichkeit. Da war sie 28 Jahre alt und benutzte noch ein männliches Pseudonym. Ein Jahr später heuerte sie in der Feuilletonredaktion der bürgerlich-liberalen *Neuen Freien Presse* in Wien als Journalistin an – ein Posten, den sie 30 Jahre lang behielt. Das Gerücht, dass sie die erste Journalistin Österreichs gewesen sei, war zwar übertrieben, da es zu ihrer Zeit doch einige wenige Kolleginnen gab. Allerdings war sie 1924 tatsächlich die erste Frau, die der Wiener Presseclub aufnahm. Die erste Berichterstatterin im Krieg war sie auf jeden Fall.

Wahrscheinlich war es Alice Schaleks Leidenschaft für das Reisen, für die Natur, für das Fremde, die sie 1915 zur Kriegsberichterstattung trieb. Seit 1903 war die Wienerin unterwegs, in Norwegen und Schweden, 1905 in Algerien und Tunesien, dann in Indien, Ostasien, vor Kriegsbeginn schließlich auf einer kleinen Weltreise, einschließlich Australien. Und immer hatte sie Kamera sowie jede Menge Notizblöcke dabei. Für ihre Zeitung schrieb sie große Reiseberichte, die

Alice Schalek, geboren 1874, war die einzige Kriegsberichterstatterin des k.u.k.-Kriegspressequartiers im Ersten Weltkrieg, und auch ansonsten eine Pionierin in Sachen Frauenemanzipation. Sie schrieb Romane (anfangs unter männlichem Pseudonym), arbeitete als Reiseredakteurin, Fotografin und Rednerin. 1903 reiste sie nach Nordeuropa, danach durch den Maghreb, Indien, Ostasien, die USA. Nach dem Kriegseinsatz, der ihr auch heftige Kritik eintrug, wurde sie 1917 mit der Tapferkeitsmedaille ausgezeichnet. Wegen angeblicher Gräuelpropaganda von den Nazis verfolgt, musste die Tochter einer jüdischen Wiener Familie, die zum Protestantismus konvertiert war, 1940 in die USA emigrieren, wo sie 1956 in der Nähe von New York starb.

Bilder lieferte sie gleich mit. Am Ende ihres Lebens sollte sie ein umfangreiches Foto-Archiv mit 6.000 Schwarz-Weiß-Fotografien hinterlassen. Nebenbei hielt sie Vorträge und führte den „Verein der Schriftstellerinnen und Künstlerinnen" in Wien, dem auch die Friedensnobelpreisträgerin Berta von Suttner angehörte, später war sie Mitglied des österreichischen PEN-Zentrums und Gründungsmitglied des österreichischen Clubs der Organisation berufstätiger Frauen, Soroptimist International.

„Mörderisch haben fünf Minenwerfer vier Stunden lang gewütet. Die Toten sind gleich auf dem Plateau geblieben."

Als 1914 der Erste Weltkrieg angezettelt wurde, war sie – wie viele andere Intellektuelle auch – von Heldentum und Patriotismus hingerissen. 1915 beantragte sie ihre Akkreditierung als Kriegsberichterstatterin, die ihr das k.-u.-k.-Kriegspressequartier tatsächlich bewilligte. Sie reiste nach Tirol, in die Dolomiten und ins heutige Slowenien an die Isonzofront, wo mehr als eine Million Soldaten getötet oder verwundet wurden. Doch für Alice Schalek stellt sich die Mission wohl eher als Abenteuer dar. Ganz eine Tochter ihrer Zeit, ist der Krieg, zumindest zu Anfang, eine heroische, wenn nicht romantische Angelegenheit, die sie im Stil ihrer früheren Reiseberichte abhandelt. „Oben stehen wir geduckt in dem Schützengraben, der sich rund um den Gipfel zieht, während unser Begleiter die Aussicht erklärt." In ihren Texten sind die Berge wunderbar, die Männer an vorderster Front sind fröhlich, opferbereit und kühn. Dass ihre Berichte allesamt durch eine strenge Militärzensur mussten, kann ein Grund für ihren jubelnden Ton gewesen sein. Nur zwischendurch liest es sich manchmal nachdenklich, klingt ein bitterer Ton durch. „Mörderisch haben fünf Minenwerfer vier Stunden lang gewütet. Die Toten sind gleich auf dem Plateau geblieben."

In mehr als 20 Städten soll sie ihre Bilder aus dem Krieg gezeigt und über ihre Erfahrungen gesprochen haben, mehr als 40.000 Menschen hätten ihr zugehört, wie es in der Studie „Rhetoriken über Krieg" der Soziologin Elisabeth Klaus heißt. Damit, so die Wissenschaftlerin, durchbrach Alice Schalek „die bis dato selbstverständliche männliche Wahrnehmungs- und Deutungshoheit über das unmittelbare Kriegsgeschehen und stellte eine gesellschaftliche Provokation dar", was konservativen Politikern ein Dorn im Auge gewesen sei. Und weiter: „In einer Anfrage an den Verteidigungsminister von 1917 forderten christlich-soziale Abgeordnete, ‚daß weibliche Sensationsgier und Abenteuerlust fern zu bleiben habe, wo Männer mit Freuden die Pflicht auf sich nehmen, für ihr Vaterland zu leiden und selbst zu sterben, wenn es das Schicksal will.'" Nach einer Parlamentsdebatte über den Fall verlor die Journalistin ihre Akkreditierung, wurde aber im selben Jahr mit dem Goldenen Verdienstkreuz ausgezeichnet. Da war das Gefecht zwischen ihr und Karl Kraus bereits in vollem Gange.

Seit 1916 hatte der Journalist, Theaterschriftsteller und Satiriker Alice Schalek im Visier. Der Kriegsgegner störte sich an der Rhetorik der Reporterin, der er Kriegsverherrlichung vorwarf, aber ganz offenbar auch daran, dass hier eine Frau berichtete. In seiner Zeitschrift *Die Fackel* führte er „Die Schalek", wie er sie abwertend nannte, immer wieder vor, „denn es ist möglich geworden, daß unsere Öffentlichkeit die obszönen Tagebuchblätter vorgesetzt bekommt, die ein Frauenzimmer verfaßt hat, das sich für seine Weiblichkeit kein anderes Feld der Anregung zu verschaffen wußte als das Feld der Ehre – ausgerechnet! Pfui Teufel!" Alice Schalek verklagte ihn wegen Beleidigung, zog die Klage bald aber wieder zurück.

Nach ihrem Einsatz als Kriegsreporterin arbeitete die Journalistin wieder als Reisekorrespondentin, sie berichtete aus den USA, aus der Sowjetunion, veröffentlichte weitere Bücher. Ganz wie es ihrem eigenen Leben entsprach, machte sie sich für die Unabhängigkeit und Gleichberechtigung der Frauen stark, schrieb über Themen wie den ersten Frauenkongress in Indien oder das Schicksal junger japanischer Geishas. 1939 musste sie Österreich schließlich verlassen, die Nazis hatten sie wegen angeblicher „Greuelpropaganda" mehrere Tage eingesperrt. Worauf sich dieser Vorwurf bezogen haben soll, lässt sich heute nicht mehr nachvollziehen, doch Alice Schalek wusste, was sie zu tun hatte. Über die Schweiz und London entkam sie 1940 in die USA, wo sie bis zu ihrem Tod 1956 in New York lebte.

Ihre journalistische Arbeit erfuhr eine späte Rehabilitierung. Ausgerechnet bei der Vorbereitung einer Karl-Kraus-Ausstellung im Jüdischen Museum Wien wurden die Kuratoren auf die Werke von Alice Schalek aufmerksam und beschlossen kurzerhand, ihren Nachlass zu präsentieren, von Wien ging die Ausstellung im Jahr 2000 nach Hamburg. Alice Schalek hätte das weltumspannende Motto dieser Schau sicher gefallen – „Von Samoa zum Isonzo".

„Der Krieg hat also begonnen,
aber die Katastrophe ist noch nicht
hereingebrochen?“

YEVGENIA BELORUSETS

YEVGENIA BELORUSETS

Wir kommen nirgends an

Der Krieg entwaffnet? Der Krieg raubt die Hoffnung, den Sinn, macht das ganze Leben grau, laugt die Stadt, laugt die Straßen aus?

Ach was! Der Krieg hilft uns! Wir können uns selbst ausblenden, brauchen uns nicht ins Gesicht zu sehen. Seit einer gewissen Zeit betrachten wir unser Inneres nur noch durch den Krieg.

Wir hassen uns. Das ist das ganze Unglück. Wir hassen jedes Ergebnis unseres gesellschaftlichen Lebens, unserer Tätigkeit. Sogar unsere eigene Kultur hassen wir, denn lieben können wir sie nur für die Prüfungen, Verfolgungen und das Verderben, die sie ereilt haben.

Ja. Eine Renaissance ist in der Ukraine nur möglich im Angesicht von Erschießung und Terror. Wir kommen nirgends an, obwohl wir gern laufen, ja wir lieben die Bewegung, die Veränderung, die Richtung. Dabei sind wir allzu leicht bereit, die Richtung zu wechseln. Aber wir kommen nie an. Jeder Endpunkt, jeder Unterwegshalt kommt für uns dem Tod gleich.

Der Krieg hat also begonnen, aber die Katastrophe ist noch nicht hereingebrochen?

Wir lächeln weniger, wir machen alles automatisch, ohne Anteilnahme, aber noch ist die Katastrophe nicht eingetreten. Es gibt lediglich eine Katastrophenahnung. Und das ist gut.

Weil jede Ahnung besser ist als ein Ergebnis?

Ja, weil erst die Aneignung einer Identität, die Aneignung des Ichs, wenn Sie so wollen, die wirkliche Katastrophe ist. Wir fühlen uns wohl, wenn der Gedanke nicht zu Ende gedacht ist, wenn alles in der Schwebe bleibt.

Aus: Yevgenia Belorusets: „Glückliche Fälle", 2019.

Yevgenia Belorusets, geboren 1980, berichtet seit Ende Februar 2022 über die russische Invasion in der Ukraine. Dazu führt sie ein öffentliches Tagebuch, in dem sie das Leben in ihrer Heimatstadt Kiew zwischen Krieg und Alltag beschreibt. Sie studierte Germanistik und Deutsche Literatur in Kiew, später Literatur und Philosophie in Wien, wo sie 2005 auch promovierte. 2006 machte sie einen Abschluss in Dokumentarfotografie in Kiew, sie ist Mitbegründerin der Literatur- und Kunstzeitschrift *Prostory*. Die Schriftstellerin und Fotokünstlerin lebte zeitweilig in Berlin, seit Dezember 2021 aber wieder in Kiew. Seit dem Überfall auf ihr Land schickte sie jeden Tag eine Sprachnachricht an rbb Kultur und publizierte Auszüge aus dem Tagebuch im *Spiegel*. Nach „Glückliche Fälle", einem Buch über Menschen aus dem Donbass, erschien 2022 „Anfang des Krieges. Tagebücher aus Kiew".

Ein Text der afghanisch-kanadischen Autorin Nahid Shahalimi*, basierend auf mehreren Interviews und Gesprächen mit der afghanischen Journalistin

ANISA SHAHEED

„Als Reporterin berichtet man anders, unser Blickwinkel ist ein anderer."

Anisa Shaheed, geboren 1986, ist eine der bekanntesten Journalistinnen Afghanistans mit über 13 Jahren Berufserfahrung im eigenen Land, das sie selbst – wie so viele AfghanInnen – nur im Kriegszustand kennt. Bis zur Machtübernahme durch die Taliban im August 2021 berichtete sie täglich für den unabhängigen Fernsehsender TOLOnews in Kabul über aktuelle Themen und Politik. Wie viele JournalistInnen musste sie ihr Land verlassen. Vom afghanischen Netzwerk Free Speech Hub wurde sie 2021 als mit dem „Freedom of Expression Award“ und vom International Center for Journalism 2022 mit dem renommierten Knight International Journalist Award ausgezeichnet.

„Jedes Mal, wenn ich das Haus verließ, sagte ich mir: ‚Du musst dein Zimmer aufräumen – es ist möglich, dass du heute Abend nicht zurückkommst‘“, erzählt Anisa Shaheed. „Der Tod war Teil meines Jobs. Die Tatsache, mit der wir alle umgehen mussten, eventuell nicht mehr nach Hause zu kommen, war für Journalisten Normalität. Erst recht für JournalistInnen des unabhängigen Senders TOLO“, sagt sie in ernstem Ton. Nach vielen Interviews mit afghanischen Frauen und Mädchen für meine Bücher und Filme in den letzten zehn Jahren ist mir sofort bewusst, was Anisa Shaheed damit ansprechen will. Tatsächlich steht hierbei das Thema ‚Ordnung‘ stärker im Vordergrund als die Todesgefahr. Immer wieder hörte ich ähnliche Geschichten, und meine Interviewpartnerinnen lachten dabei und rückversicherten sich, ob ich auch wüsste, was sie meinten – als ob wir afghanischen Frauen selbst im Angesicht des Todes als „wohlerzogene, achtbare afghanische Frauen“ gelten wollten, selbst wenn wir nicht zurückkehren würden.

Der Sender TOLOnews, für den Anisa Shaheed seit 2010 gearbeitet hat, ist Afghanistans größer unabhängiger Nachrichtensender und bekannt für seine 24-stündige, umfassende Berichterstattung zu regionalen, landes- und weltweiten Themen. Die nach 2001 gewachsene Medienlandschaft Afghanistans bewirkte entscheidende Veränderungen im öffentlichen Leben des Landes. Wie „Reporter ohne Grenzen“ berichtet, hat sie sich seit der Machtübernahme durch die Taliban am 15. August 2021 inzwischen radikal verändert: 43 Prozent der afghanischen Medien, von den 10.780 Personen, die Anfang August 2021 in afghanischen Redaktionen arbeiteten (8.290 Männer und 2.490 Frauen), waren im Dezember nur noch 4.360, also vier von zehn JournalistInnen beschäftigt. Im Verhältnis sind Frauen stärker betroffen: 84 Prozent der Frauen haben ihren Arbeitsplatz verloren – und 52 Prozent der Männer. Viele JournalistInnen sind ins Ausland geflohen. Viele andere wurden von der afghanischen Polizei verhaftet oder sind von Gewalt bedroht. Am 2. Februar 2022 riet der Taliban-Sprecher Zabihullah Mudschahid JournalistInnen, vor der Veröffentlichung von Inhalten „nationale Interessen, islamische Werte und die nationale Einheit“ zu berücksichtigen. Auch Frauen könnten in den Medien frei arbeiten, wenn sie sich an die islamischen und nationalen Normen hielten. Nach Recherchen von „Human Rights Watch" blieben die Schikanen und Angriffe der Taliban auf JournalistInnen in ländlichen Gebieten von der Öffentlichkeit weitgehend unbemerkt, was dort zur Selbstzensur oder Schließung von Medien geführt hat. In vielen Provinzen wurde das breite Themenspektrum der Berichterstattung praktisch eliminiert und JournalistInnen wurden aus ihrem Beruf vertrieben.

„Ich hatte schon als Kind davon geträumt, Journalistin zu werden. Um das zu erreichen, musste ich durch die Hölle und zurück gehen."

Anisa Shaheed betont, wie leidenschaftlich gerne sie die Arbeit live vor Ort gemacht hat. Nachdem sie als Nachrichtenredakteurin, -reporterin und -produzentin eine Zeit lang auch als Nachrichtenchefin von TOLO gearbeitet hatte, entschied sie sich, wieder zur Live-Berichterstattung zurückzukehren. „In unserer Gesellschaft war das nie einfach. In meiner Familie war niemand glücklich über meine Entscheidung, Journalistin zu werden. Ich hatte meinem Vater gesagt, dass ich lieber zu Hause bleiben würde, wenn ich nicht Reporterin werden könnte. Ich wollte dann lieber gar nicht arbeiten." Sie berichtet mir dies aus Virginia, USA, wo sie die letzten Monate verbracht hat, nachdem sie am 20. August 2021 zur Evakuierung aus ihrem Heimatland gedrängt und über mehrere Länder, darunter auch Flüchtlingslager, schließlich in die USA gelangt war.

Nach der ersten Machtübernahme Afghanistans durch die Taliban im Jahr 1996 wuchs Anisa Shaheed in einer Zeit auf, die von einer geschlechtsspezifischen Apartheid geprägt war und in der für Frauen und Mädchen strenge Beschränkungen in Bezug auf Bildung und Arbeit galten. „Ich träumte jede Nacht, dass ich auf dem Gipfel eines Hügels in Panjshir stand, auf meine Schule hinunterblickte und darauf wartete, dass sie eröffnet wurde, und ich träumte jahrelang, dass ich eines Tages wieder zur Schule gehen könnte. Es sind so viele Jahre vergangen und ich erinnere mich immer noch an diesen Traum", sagt sie und hält ihre Tränen zurück. Millionen von Mädchen bleibt nun seit März 2022 erneut, nach Schließung der weiterführenden Schulen ab der sechsten Klasse durch die Taliban, der Zugang zu Bildung und Unabhängigkeit verwehrt. Anisa konnte ihren Traum dennoch wahrmachen, nachdem die von den Amerikanern angeführte Militärintervention die Taliban 2001 gestürzt hatte. Sie konnte die Schule und schließlich die Universität Kabul besuchen, Journalismus studieren. „Mein

Vater wollte, dass ich Lehrerin werde. Meine Eltern hatten nach vier oder fünf Jahren harter Überzeugungsarbeit nichts mehr gegen meine Berufswahl einzuwenden – sie kannten die Sturheit ihrer Tochter zu gut", erzählt sie lachend und fügt hinzu: „Aber ich wusste, dass sie aufgrund der instabilen, gefährlichen Lage im Land sehr um die Sicherheit besorgt waren – was wiederum besonders für Reporterinnen galt. Mein Ziel war es nie, zu heiraten, wie es bei anderen in meinem Umfeld der Fall war – sondern, zu studieren und einen Beitrag zur Gemeinschaft zu leisten und gleichzeitig für Wahrheit und Gerechtigkeit zu kämpfen."

Ob sie Vorbilder hatte? Anisa lacht, denn sie hört diese Frage oft. „Als junges Mädchen hatte ich keine Heldin, zu der ich aufschaute. Aber in meinem Berufsleben habe ich Frauen gesehen, die nicht vor einer Auseinandersetzung zurückschreckten: Angela Merkel, Hilary Clinton, Christiane Amanpour ... Ich weiß, dass sie es sich nicht leicht gemacht haben als Führungspersönlichkeiten. Obwohl ich nicht sicher bin, ob ich eine Feministin bin, habe ich noch nie einen Mann gewählt. Warum sollte ich für einen Mann stimmen? Früher war ich vorsichtiger mit solchen Aussagen, aber nun nicht mehr. Ich würde keiner einzigen Frau raten, für einen Mann zu stimmen und unter ihm zu arbeiten. Männer haben Frauen schon immer ausgenutzt, besonders in Afghanistan. Man sieht, wohin uns das geführt hat. Jede Frau kann eine Führungspersönlichkeit sein, wenn man ihr die Chance dazu gibt. Es sind die Frauen, die den Taliban heute auf den Straßen Afghanistans gegenüberstehen – nicht die Männer. Die Frauen Afghanistans haben über Jahrhunderte hinweg genug Opfer gebracht. Jetzt sollten Frauen die Macht und die Führung übernehmen! Wir haben so viele qualifizierte Frauen in Afghanistan, ich habe Hunderte von ihnen persönlich getroffen. Afghanistan würde mit den Händen seiner Frauen aufgebaut werden, wenn die Männer es zulassen würden, aber definitiv nicht allein mit den Händen seiner Männer!" Und dann fügt sie noch hinzu: „Frauen sind eher für den Frieden als für den Krieg. Sie sind keine Kriegstreiber. Männer sollten nicht allein die Welt regieren. Schauen Sie sich an, was sie angerichtet haben!"

Sie erzählt mir, dass es zu der Zeit, als sie anfing, nicht viele Reporterinnen gab. Es gab die großartige Shakila Ibrahimkhail, die vielen Reporterinnen den Weg ebnete, und einige andere Journalistinnen vor ihr. „Viele der männlichen Wachleute an den Türen der Institutionen und Regierungsstellen, über die ich berichtete, sprachen mit meinem Kameramann und nicht mit mir. Obwohl ich seine Vorgesetzte war. Trotzdem habe ich meine Berichte bekommen. Es war also nie einfach, in Afghanistan Journalistin zu sein – dazu kam noch das Sicherheitsproblem." Diskriminierung, erklärt sie, habe ihr zu Anfang ihrer Karriere die Arbeit erschwert, ihre Bekanntheit als Reporterin, den Respekt und die Bereitwilligkeit, mit ihr zu sprechen, musste sie sich durch ihre Beharrlichkeit über

Jahre hart erarbeiten, vor allem in sehr konservativen Regionen. Sie berichtet von einem ehemaligen Taliban-Kommandeur, der behauptete, er könne nicht mit einer Journalistin sprechen, weil sie weiblich sei. „Er fragte: ‚Wäre es möglich, dass Sie mit Ihrem Kameramann den Platz tauschen und er mich interviewt?' Ich habe ihm die Stirn geboten, doch er wollte das Interview nicht geben. Dann bot ich ihm einen Deal an und er stimmte zu: Ich garantierte ihm, dass ich nicht im Bild zu sehen sein würde."

Obwohl TOLOnews als liberal gilt und sich der Gleichberechtigung verschrieben hat, interessiert mich, ob ihr als Journalistin auch im Sender Diskriminierung widerfahren ist. Anisa lacht laut und antwortet entschlossen: „Das Ethos der Gleichberechtigung der Geschlechter war als Verhaltenscodex bei TOLOnews gesetzt. Tatsache!" Sie belässt es dabei und spricht dann einen anderen Aspekt weiblicher Berichterstattung an: „Als Reporterin berichtet man anders, unser Blickwinkel ist ein anderer, selbst das geschriebene Wort wird anders gesetzt. Die feinen Linien, die eine Reporterin zeichnet, sieht man in der männlichen Berichterstattung eher selten, Männer berichten oft einseitig und schauen eben nicht auf diese feinen Linien. Frauen sind präzise, sie betrachten alle Perspektiven und können sich einfühlen – sie haben diese Fähigkeit. Frauen achten auf die Details, sie denken intersektional und inklusiv."

Ich erzähle ihr von meinen Recherche- und Interview-Reisen ab 2011 durch Afghanistan, davon, dass jedes Mal, wenn ich im Land war, nur eine Handvoll Leute genau wusste, wo ich war. Wie ich jeden Tag eine andere Route nahm. Wie ich alle 48 Stunden eine neue Sim-Karte für mein Telefon kaufte und sie nie auf meinen Namen registrierte – Sicherheitsleute, ihre Familienmitglieder oder mein Fahrer kauften sie auf ihren Namen, weil wir wussten, dass es überall Spione gab und die Telefone überwacht wurden. Und wie ich manchmal Hotels buchte und eincheckte, aber nicht dortblieb. Dann beginnt auch sie zu erzählen, wie sie besonders in den letzten Jahren jeden Tag einen anderen Weg zur Arbeit nahm. „Vom Geheimdienst hatten wir gehört, dass Selbstmordattentäterinnen speziell nach Kabul geschickt wurden, um afghanische Journalistinnen ins Visier zu nehmen. Wir waren ständig in Alarmbereitschaft, wenn wir unbekannte Anrufe bekamen, und achteten sehr darauf, wohin wir gingen. Wir haben viele Freunde und Kollegen verloren, und jeder Verlust hat uns beinahe in die Hoffnungslosigkeit getrieben." In den letzten zwei Jahrzehnten des Krieges wurden in Afghanistan Dutzende von JournalistInnen getötet. Anisa weigerte sich jedoch, ihren Beruf und ihre Träume aufzugeben. In Afghanistan gilt der Beruf des Journalisten als einer der gefährlichsten, erst recht, wenn es sich um eine Außenreporterin handelt. „Die Gefahr war einfach sehr groß. Aber das hat mir nichts ausgemacht. Ich musste Hindernisse überwinden, von dem Moment an, als ich nach draußen

Anisa Shaheed spricht im Oktober 2020 mit dem Kommandanten der Militärbasis in Chakari, einem Stützpunkt, der von den Taliban besetzt gehalten und wenige Tage zuvor vom afghanischen Militär zurückerobert worden war.

ging bis zu meiner Rückkehr nach Hause. Aber ich empfand es als meine Pflicht, die Menschen zu informieren. Wir waren ihre erste Informationsquelle."

Trauma ist etwas, was alle Afghanen nachfühlen können. Schließlich hat jede Afghanin und jeder Afghane, die vor 45 Jahren geboren wurden, nur Krieg gekannt – und diejenigen, die außerhalb ihrer Heimat leben, haben ihn aus der Ferne miterlebt. Uns blieb jedoch wenig Zeit zu trauern, da ein Krieg dem nächsten folgte. Die fortwährende Gewalt fordert ihren emotionalen Tribut – dies gilt insbesondere für eine Journalistin wie Anisa Shaheed, die täglich live vor Ort berichtet hat. Als ich sie frage, was ihrer Meinung nach die größte Herausforderung der Berichterstattung ist, gibt sie zur Antwort: „Es ist schwierig zu berichten, wenn man eine Geschichte über ein behindertes Kind erzählt oder darüber, wie die Rechte eines Kindes verletzt wurden, oder die einer Frau, deren Verzweiflung aufgrund von Unterdrückung und der Bedingungen zu Hause sich vor einem offenbart: menschliches Leid – das durch grausame, gezielte Anschläge von 2009 an von Tag zu Tag zunahm. Wenn man dann als Erste am Ort eines brutalen Angriffs ankommt und anfängt, mit dem Handy zu filmen, und man sieht die Körperteile von Mädchen und Jungen …" Sie hält kurz inne und fährt dann fort, von einem Terroranschlag am 2. November 2020 auf den Campus der Universität Kabul zu berichten, bei dem 32 Menschen getötet und 50 verwundet wurden.

Der Anschlag passierte etwa zu der Zeit, als Regierungsvertreter zur Eröffnung einer Buchmesse auf dem Campus eintreffen sollten. „Ich war eine der ersten JournalistInnen vor Ort. Die Wachen auf dem Campus ließen niemanden ins

Gebäude. Ein Kollege von mir suchte nach seiner Tochter. Irgendwie gelangte ich schließlich hinein. Eine verletzte Studentin erzählte mir am nächsten Tag, Bewaffnete hätten zu schießen begonnen, ‚viele wurden verletzt, später kamen sie zurück und warfen Granaten, die meisten Studenten starben durch die Granaten'. Ich beschloss zu bleiben, um meinem Kollegen bei seiner Suche zu helfen. Wir mussten die Leichensäcke öffnen, denn sie war nirgends zu finden."

„Ich begann, mit meinem Handy zu filmen. Überall lagen Leichensäcke."

Anisa Shaheed berichtet diese Geschichte, als wäre sie gewappnet gegen den Schmerz angesichts der erschütternden Szenen. Sie erzählt von diesem Ereignis mit einer solchen Verantwortung und mit Nachdruck und Leidenschaft in der Stimme, sie trägt die Fakten zusammen und beleuchtet jeden einzelnen Aspekt, als wäre sie wieder im Einsatz als Reporterin in Kabul, in ihrem Element. Ich verstehe jetzt, was sie in unseren Gespräche immer wieder betont hat: „Wir müssen die unerzählten Geschichten in Afghanistan erzählen. Wir haben die Verantwortung, die Menschen zu informieren. Sie verlassen sich auf uns und auf unsere professionelle Berichterstattung. Wir müssen die Wahrheit sagen und nichts als die Wahrheit." Sie brauchten Stunden, um die Gegend abzusuchen und die Leichensäcke durchzusehen, in denen begabte, unschuldige junge StudentInnen mit Träumen und Zielen für sich und ihr Land lagen – bevor sie auch den blutüberströmten Körper der Tochter ihres Kollegen fanden.

„Mein größter Traum während meiner gesamten journalistischen Laufbahn war es, in alle Provinzen Afghanistans zu reisen und über die Schönheit, den Wiederaufbau und die Entwicklung meines Volkes zu berichten", fasst Anisa ihre Hoffnungen zusammen, die am 15. August 2021, dem Tag der Machtübernahme durch die Taliban, der harten Realität weichen mussten. „An diesem Tag hörte mein Telefon nicht auf zu klingeln, was für einen TOLO-Reporter nicht ungewöhnlich ist, aber an diesem Tag rief uns wirklich jeder an, um seriöse Informationen zu erhalten. Wir hatten diesen Ruf, wir hatten gut recherchierte, unzensierte Nachrichten, die von seriösen Quellen gestützt wurden. Militärgeneräle riefen uns an und Soldaten baten uns um Informationen: ‚... sie sagen uns, wir sollen nicht kämpfen und die Provinz verlassen. Warum können wir nicht kämpfen? Wir wollen kämpfen, was ist hier los?' – Es war wichtig, darüber zu berichten, besonders an diesem Tag. In der Stadt herrschte eine große Panik. Hochrangige Taliban-Mitglieder riefen an, um Interviews zu geben, und sie erzählten uns von ihrer Absicht, am Abend in die Hauptstadt zu marschieren. Alle, die mir an diesem Tag in den Studios über den Weg liefen, sagten mir, ich solle nach Hause gehen, es sei zu gefährlich für mich. Mein bestimmter Ton, den viele kannten und den sie respektierten, wurde laut. ‚Wir haben eine Verantwortung, die Menschen zu informieren, ich werde die Nachrichten selbst lesen, wenn es sein muss.' Also blieb ich, produzierte und delegierte die Videos, Nachrichten und die Inhalte, die von außen kamen – und wir gingen am 15. August auf Sendung, mithilfe derer, die geblieben waren. Um 17:30 Uhr erhielten wir die Nachricht, dass Präsident Ghani und seine Delegierten Afghanistan verlassen hätten. Und um 18 Uhr – auch diese Nachricht sendeten wir – fiel Kabul offiziell an die Taliban." Anisa macht eine lange Pause und fügt hinzu: „Und ich verließ die TOLO-Studios zum letzten Mal." Eine längere Zeit herrscht Stille. Zu diesem Zeitpunkt versuchen wir beide wohl, unsere Tränen voreinander zu verbergen, und sind nicht in der Lage weiterzusprechen. Mit zittriger Stimme sagt Anisa schließlich noch: „Mein Herz zerbrach in Millionen Stücke, als ich die Taliban mit ihren Fahnen auf Kabuls Straßen sah." Fünf Tage später sah sich Anisa gezwungen, ihre Heimat zu verlassen, nachdem sie von ihren Freunden und ihrer Familie dazu gedrängt worden war.

In Afghanistan kannte jeder Anisa Shaheed, ebenso die Journalistin Shakila Ibrahimkhail – die beiden kämpferischen und mutigen Reporterinnen vor Ort, bekannt bei afghanischen Politikern, der Zivilgesellschaft, den internationalen Akteuren und auch bei den mehr als 20 extremistischen Gruppen, darunter die Taliban. Da beide Journalistinnen als Afghaninnen im eigenen Land für ihre Landsleute berichteten – verantwortungsvoll, professionell, authentisch –, war ihre Berichterstattung für die Menschen vor Ort so wichtig wie hochgeschätzt.

„Ich war immer besorgt, dass die Errungenschaften und die harte Arbeit der Medien und der Menschen in Afghanistan der letzten 20 Jahre, deren größter Erfolg die freie Meinungsäußerung war, verloren gehen könnten. Und diese haben wir jetzt verloren. Sie gilt es wiederherzustellen. Heute betrachte ich mich als Reisende, die hofft, eines Tages nach Afghanistan zurückzukehren und dort in Frieden und Wohlstand zu leben. Wenn nicht, kann ich nicht überleben."

** Nahid Shahalimi wurde in Afghanistan geboren, floh 1985 mit ihrer Mutter und ihren Schwestern über Pakistan nach Kanada, wo sie u.a. bildende Kunst und Politik studierte. Seit 2000 lebt sie mit ihren Töchtern in München, wo sie als Künstlerin, Filmemacherin, Aktivistin und Autorin tätig ist. Sie gründete und leitet das Unternehmen „We The Women". 2017 erschien ihr Buch „Wo Mut die Seele trägt. Wir Frauen in Afghanistan", für das sie über Jahre in ihr Heimatland reiste, um mit Frauen und Mädchen über deren Ziele, Projekte und Zukunftswünsche zu sprechen. 2018 erschien ihr preisgekrönter Dokumentarfilm „We the Women of Afghanistan. A Silent Revolution" und 2021 ihr Buch „Wir sind noch da! Mutige Frauen aus Afghanistan".*

Die Situation für JournalistInnen in der Demokratischen Republik Kongo ist hoch riskant, umso gefährlicher ist sie für weibliche Reporter. Die Region Kivu im Ostkongo leidet seit Mitte der 1990er Jahre unter Unruhen und Bürgerkriegen und seit November 2006 unter einem andauernden Krieg – dessen Hintergrund der Konflikt zwischen den Volksgruppen der Hutu und Tutsi ist –, in dem sich Regierungstruppen, Tutsi-Rebellen, zahlreiche bewaffnete Milizen und Untergruppierungen bekämpfen und das Land destabilisieren, dessen Menschen zudem unter Epidemien, Nahrungsmittelknappheit und Flüchtlingsströmen zu leiden haben. Die Texte sind Auszüge aus Gesprächen mit den Reporterinnen Gisèle Kahimbani und Lyliane Safi über ihre Arbeit und die Situation der Frauen im Ostkongo, die der Journalist Reagan Mwanaweka im Sommer 2022 im Auftrag des Verlags in Goma führte.

GISÈLE KAHIMBANI

„Wir sind hier in einem Gebiet, in dem es wenig bis keine Sicherheit gibt."

Ich arbeite seit 2009 als Journalistin im Osten der Demokratischen Republik Kongo, in der Provinz Nord-Kivu in der Stadt Goma und bin seit 2017 Korrespondentin und Geschäftsführerin eines rein weiblichen Radiosender namens Elles FM. Ich bin im Norden der Provinz in der Stadt Beni aufgewachsen und habe zwei Töchter.

Wir sind hier in einem Gebiet, in dem es wenig bis keine Sicherheit gibt. Es ist von Vorteil, wenn man selbst aus der Mitte der Gesellschaft und der Region kommt, über die man berichtet. Man kennt sich bei der Lokalpolitik aus, weiß um Sicherheitsaspekte und welche Quellen man kontaktieren kann.

Die Berater von der „Union nationale de la presse congolaise" [eine unabhängige Organisation, die Journalisten in der Demokratischen Republik Kongo unterstützt] sagen uns jeden Tag, dass es keine Reportage gibt, die es wert ist, sein Leben zu riskieren. Man muss am Leben bleiben, um eine Reportage machen zu können.

Journalismus gilt hier noch als Männerdomäne. Wenn sich eine Frau hervortut, wird sie beschimpft. Man behauptet, sie sei die Geliebte eines Rebellenanführers oder etwas dieser Art.

Ich habe immer mit dem Gedanken gespielt, früher oder später für den Frauenfunk zu arbeiten oder dort selbst verantwortlich zu sein, ein Medium, bei dem Frauen als Führungspersönlichkeiten Entscheidungen treffen. Die Idee war, der Welt zu zeigen, dass eine Frau es mit wenigen Mitteln sogar besser machen kann als die meisten Männer. Und heute bin ich für genau so ein Medium verantwortlich. Mit diesem Selbstbewusstsein und mit den Fähigkeiten, die ich im Laufe der Jahre erworben habe, konnten wir inzwischen immerhin auch einige Männer erreichen.

Es gibt ein Sprichwort, das besagt, dass man eine Frau sein muss, um die Probleme einer Frau zu kennen. Das ist auch meine Meinung. Frauen produzieren unter guten Arbeitsbedingungen qualitativ hochwertige Arbeit. Das Problem einer Frau ist das Problem aller Frauen. Journalistinnen sind oft Mütter. Wir können uns einfühlen. Als Frau berichtet man anders, wenn man sich von einem Problem betroffen fühlt oder von einer Situation, die in der Gesellschaft von Bedeutung ist. Frauen möchten Gegebenheiten ändern, damit sich bestimmte Situationen in Zukunft nicht wiederholen.

LYLIANE SAFI

„Wenn man sich als Reporterin auf Rebellengebiet begibt, dann immer auf eigene Gefahr."

Ich bin Journalistin bei Radio Bora FM in Goma im Ostkongo, einem Radiosender, der vor allem über soziale Themen, Familie und Gesundheit berichtet. Ich habe Journalismus studiert und mit Bachelor abgeschlossen, derzeit studiere ich Soziale Kommunikation. Ich arbeite seit 2017 als Reporterin.

Diese Arbeit ist sehr gefährlich. Es gibt hier fast niemanden, der einen schützt. Täglich sind wir mit bewaffneten Truppen und anderen Gruppierungen konfrontiert und mit dem Vorwurf, als JournalistInnen als Kollaborateur dieser oder jener Gruppe zu gelten. Wenn man sich als Reporterin auf Rebellengebiet begibt, dann immer auf eigene Gefahr.

Frauen sind hier geschlechtsspezifischer Diskriminierung ausgesetzt und von Vergewaltigung bedroht – hinzu kommt, dass Frauen im Gegensatz zu Männern oft ängstlicher sind. Man muss also sozusagen ein Herz aus Stein haben, aber nicht einmal die Hälfte der Frauen hat ein solches.

Einmal sind wir in die Bergregion Masisi, etwa 80 Kilometer westlich von Goma, gefahren, um dort den Anführer einer lokalen Rebellengruppe zu treffen. Nach ein paar Minuten kam mein Kollege zu mir und sagte, der Rebellenführer wolle mich sehen. Alle der Anführer wollten mich. Verstehen Sie, was das heißt? Als dieser Mann mich gesehen hatte, sah er in mir keine Journalistin bei der Arbeit. Er hat es so gesehen, eine Frau gefunden zu haben, mit der er Zeit verbringen kann. Der Mann, mit dem ich gekommen war, musste behaupten, dass ich keine Kollegin von ihm sei, sondern seine Frau. Er hat dies gesagt, um mich zu schützen. Sonst hätte ich in dem Hotel, in dem wir untergebracht waren, Opfer eines sexuellen Übergriffs werden können.

Trotz alledem schlug der Rebellenführer nach dem Treffen vor, dass wir noch bleiben sollten. Wir lehnten aber ab und fuhren direkt zurück nach Goma. Sein Ziel war nicht, uns an seiner Seite zu wissen, nein! Er war darauf aus, bei mir zu sein. Daran sieht man, dass Frauen stärker gefährdet sind als Männer. Denn Männer einer bewaffneten Gruppe wollen alle eine Frau haben. Jeder von ihnen will mit dieser Frau schlafen.

Ein Text der Journalistin Judith Raupp über ihre Arbeit als Medientrainerin in der Demokratischen Republik Kongo

JUDITH RAUPP

„Es reichte mir nicht mehr, immer nur an der Oberfläche zu kratzen. Ich wollte sehen, hören und fühlen, wie es den Menschen in Afrika wirklich geht."

Krieg kannte ich nur aus den Nachrichten, und von meiner Großmutter, wenn sie von den Nazis erzählte. Krieg war abstrakt, weit weg – bis ich 2011 meine Stelle als Politikredakteurin bei der *Süddeutschen Zeitung* kündigte und in den Osten der Demokratischen Republik Kongo zog, um JournalistInnen auszubilden. Es reichte mir nicht mehr, immer nur an der Oberfläche zu kratzen. Ich wollte sehen, hören und fühlen, wie es den Menschen in Afrika wirklich geht.

Ein Jahr, nachdem ich angekommen bin, stürmt die Miliz M23 die Stadt Goma, Hauptstadt der Provinz Nord Kivu, wo ich nun wohne, arbeite und FreundInnen gefunden habe. Als eine Granate nur wenige Meter vor mir explodiert, wird mir bewusst: Krieg existiert. Und ich bin mittendrin. Klar, ich habe recherchiert. Ich weiß, dass der Ostkongo seit fast drei Jahrzehnten Krisengebiet ist. Rebellen und Soldaten morden, plündern und vergewaltigen gleichermaßen. Kriminelle Netzwerke beuten Bodenschätze aus, die internationale Firmen zu Handys verarbeiten, die Leute wie ich in Europa alle paar Jahre neu kaufen, während die Bevölkerung im Kongo arm bleibt. Aber nun spüre plötzlich ich am eigenen Leib Angst, Wut und Ohnmacht.

Es ist mir ein Rätsel, wie die Menschen, die ich ausbilde, das schon ein ganzes junges Leben lang aushalten. Vor allem frage ich mich, wie es den wenigen Frauen ergeht, die es wagen, als Journalistin zu arbeiten – in einer Welt, in der Frauen ständig körperliche, psychische und ökonomische Gewalt erfahren. Was denken meine Schülerinnen? Was fühlen sie? Erst vor wenigen Monaten ist eine Journalistin angeschossen worden, als sie über eine Demonstration berichtet hat. Die Bevölkerung wollte ihrem Unmut darüber Luft machen, dass Armee, Polizei und die Friedenssoldaten der Vereinten Nationen den ständigen Überfällen der Milizen kaum etwas entgegensetzen. Wie so oft hat die Polizei auf die Demonstrierenden scharf geschossen und dabei auch die Journalistin verletzt.

Wenn Krieg ist, nehmen Übergriffe auf Journalistinnen zu. Sie sind ständig in Gefahr, bei der Recherche vor Ort vergewaltigt zu werden, sei es von Milizen, sei es von Soldaten. Oft ist die Stimmung aufgeheizt, wenn Milizen wieder ein Dorf überfallen haben. Wütende Männer stürmen dann manchmal die Radios, weil sie finden, die JournalistInnen hätten gelogen. Sie verprügeln dann auch die Frauen,

Judith Raupp, geboren 1964, Journalistin, Medientrainerin und -Beraterin in Entwicklungsländern und Krisenregionen. Die ehemalige Redakteurin der *Süddeutschen Zeitung* lebt heute in der Demokratischen Republik Kongo, bildet dort als frei schaffende Medientrainerin JournalistInnen aus und arbeitet im unruhigen Osten des Landes als Faktencheckerin und freie Autorin für *SZ, Standard, Zeit, Spiegel* und *Neues Deutschland.*

die in der Redaktion sind, wenn diese nicht rechtzeitig flüchten. Auch Polizei und Geheimdienst bedrohen die Redaktionen, wenn sie sich kritisiert fühlen. Manche JournalistInnen werden willkürlich verhaftet, was für die Frauen besonders bedrohlich ist. Sie müssen die Wärter im Gefängnis bestechen, damit sie einen sicheren Platz zum Schlafen bekommen, wo Mithäftlinge oder Aufseher ihnen nichts tun.

„Wenn Krieg ist,
nehmen Übergriffe auf
Journalistinnen zu."

Irgendwann verstehe ich, dass sich meine Schülerinnen – anders als ich – den Luxus nicht leisten können, über ihre Befindlichkeit nachzudenken. Da ist zum Beispiel jene Kollegin, deren Mann sie zu einem zweiten Kind zwingt, weil er seine Zeugungskraft beweisen muss. Die junge Frau kann den ersten Sohn kaum ernähren. Nun kämpft sie jeden Tag darum, beide Kinder irgendwie durchzubringen. Sie verkauft früh morgens und abends nach dem Redaktionsdienst Altkleider auf dem Markt, damit sie das Maismehl für den Brei bezahlen kann. Weil sie spät abends zu Fuß nach Hause geht, läuft sie Gefahr, von Banditen ausgeraubt oder vergewaltigt zu werden. Aber daran darf sie nicht denken. Sie muss für ihre Kinder sorgen.

Aufgrund der schlechten Sicherheitslage gibt es im Ostkongo kaum Firmen, die Werbung schalten würden. Auch eine Rundfunkgebühr existiert nicht. Die Medien erzielen kaum Einnahmen. Sie bezahlen deshalb Löhne, die bei Weitem nicht zum Leben reichen. Die meisten JournalistInnen müssen Geld mit einer anderen Tätigkeit dazu verdienen. Einige lassen sich bestechen und berichten völlig unkritisch – das, was der Auftraggeber hören will. Manche lassen sich gar gegen Geld zu Hetze hinreißen.

Journalistinnen brauchen hier viel mehr Energie, um ihren Job ausüben zu können als ihre männlichen Kollegen. Vor der Arbeit müssen die Frauen am See oder am Bach Wasser schöpfen und die Kanister mit den 20 Litern auf dem Rücken nach Hause schleppen. Sie müssen Feuer machen, um den Brei für die jüngeren Geschwister oder die Kinder zu kochen, und den Hof fegen. Erst wenn die Hausarbeit erledigt ist, können sie hoffen, dass der Vater oder Ehemann sie zur Arbeit lässt. Zahlreiche Männer wollen nicht, dass ihre Töchter oder Ehefrauen ohne Aufsicht unterwegs sind. Nicht nur, weil der Job gefährlich ist, sondern auch, weil es sich nicht schickt, als Frau ohne Begleitung unterwegs zu sein. Viele

Männer betrachten Journalistinnen als „leichte Mädchen", weil sie beim Recherchieren Fremde treffen. So mancher Kollege, Chef oder Informant meint deshalb, das Recht zu haben, Journalistinnen sexuell bedrängen zu dürfen.

Gewalt ist ständige Begleiterin im Ostkongo. Als ich mit einer Journalistin unter der sengenden Sonne zu einem Interview-Termin laufe, weil das Radio kein Geld für die Fahrt mit dem Minibus hat, erzählt sie, dass in der Nacht Banditen beim Nachbarn eingebrochen und den Familienvater erschossen haben. Meine Kollegin hat sich mit ihren Geschwistern unter dem Bett versteckt und gebetet, dass die Verbrecher ihre Hütte verschonen.

Ich schaue sie an, wie sie strammen Schrittes vorwärts marschiert, und denke, dass die Kollegin an diesem Tag vermutlich nicht zur Arbeit gekommen wäre, eventuell sogar psychologische Hilfe suchen würde, wenn sie in Deutschland leben würde.

Meine Kolleginnen sind mutig. Sie fahren mitten durchs Rebellengebiet, um zu recherchieren und um andere JournalistInnen in abgelegenen Dörfern zu lehren, was ich ihnen beibringe. Sie verstoßen gegen althergebrachte Tradition, um ihren Job auszuüben. Einige brechen mit ihrer Familie, sodass sie völlig auf sich allein gestellt sind, wenn sie in Not geraten. Denn mangels staatlichen Sozialsystems ist die Familie der einzige Rückhalt in der kongolesischen Gesellschaft.

Ich bin stolz auf meine Kolleginnen, gleichzeitig habe ich Angst um sie. In der Nacht schrecke ich manchmal auf und verspüre den Wunsch, sie zu beschützen. Dann schäme ich mich. Was habe ich, das Kind einer Wohlstandsgesellschaft, diesen starken Frauen zu sagen?

Was man der Gewalt entgegnen kann, ist Mut

Ein Text der Fotojournalistin
und Kriegsreporterin

JULIA LEEB

Eben erst schien es wieder ein wenig leichter zu werden auf unserer Welt, die durch die Pandemie in letzter Zeit doch so schwer Luft bekam. Zarte Anzeichen von Unbeschwertheit. Doch dann begann der Krieg. Trotz aller gegenwärtigen Spaltungen waren sich die Menschen wohl selten so einig in dem Gefühl, sich inmitten eines Epochenumbruchs zu befinden – eine Zäsur, die unser bisheriges Leben in ein Davor und ein Danach teilen könnte. Neue Zeiten sind angebrochen, denn das Undenkbare ist jetzt auch bei uns geschehen.

Auch Menschen ohne großes politisches Hintergrundwissen ahnen, dass es in diesem Krieg zwischen Russland und der Ukraine nicht nur um zwei Länder geht, sondern dass sich dieser Krieg wie ein Virus auf der ganzen Welt bemerkbar machen wird. Zu stark sind die Interessen der Alliierten beider Seiten. Zu groß die Gefahr der unkontrollierten Verselbstständigung. Denn Krieg nährt sich von Krieg.

Ohne Vorwarnung überrumpeln die neuen Worte die doch so pazifistisch gewordenen Europäer. Begriffe, die sich wie Giftschlangen um unser Schicksal winden wollen. Ein für vergessen gehaltenes Vokabular, das tief in den Tagebüchern der Großeltern begraben war, infiltriert unser Alltagsleben. Inflation, Feind, Krieg, Schlacht. Sind das die Vorboten? Erst ändern sich die Worte, dann das Denken. Es ist nicht der erste Krieg in diesem Jahrhundert. Doch dieser ist nah und die Gegenspieler sind sehr mächtig. Manche sind sichtbar, die anderen agieren aus dem Schatten der zweiten Reihe.

Wie wird sich dieser Krieg auf unser Leben auswirken? Welche Metastasen hat er schon gestreut auf unserem Planeten? Und an welchem Punkt bricht schließlich eine oder, genauer gefragt, unsere Gesellschaft? Denn jeder kriegerische Akt hinterlässt Spuren in der menschlichen der Psyche – und das generationsübergreifend.

Seit Jahren treibt mich die Frage um, was der Krieg mit den Menschen macht. In fester Überzeugung, der Wahrheit näherzukommen, wenn man zu ihr reist, bin ich nun schon seit über einer Dekade hinter ihr her. Libyen, Syrien, Nordkorea, Afghanistan, Transnistrien, Sudan. In all den Jahren an den Bruchstellen unserer Welt stellte sich immer wieder die Frage nach dem Ursprung der Gewalt, die in dem Kriegszustand zum Vorschein kommt. Wie verhält sich der Mensch,

Julia Leeb, geboren in München, arbeitet als Fotojournalistin und Filmemacherin mit Schwerpunkt auf Virtual Reality. Für ihre Arbeit reist sie immer wieder in Kriegs- und Krisengebiete wie den Kongo, Syrien, Libyen, Südsudan. Ihre Bilder wurden in zahlreichen internationalen Zeitungen und TV Sendern veröffentlicht. 2016 wurde sie von *Elle* zu einer der 80 internationalen Charakterköpfen und von REFINERY29 zu einer der 29 inspirierendsten Frauen Deutschlands gewählt. 2014 veröffentlichte sie ein dreisprachiges Buch über Nordkorea, „Anonymous Country – North Korea“ sowie den Bestseller „Menschlichkeit in Zeiten der Angst“ (2021), der ihre Reportagen aus Kriegsgebieten versammelt.

wenn sie ihm widerfährt? Wie verändert er sich, wenn er sie ausübt? Sieht man immer nur die Gewalt, die uns angetan wird, und nie die, die wir anderen antun? Warum ist der Unterschied zwischen einem Menschen als einzelnem und dem Einzelnen in der Masse so groß? Und an welchem Punkt ist die Wiederkehr zum alten Ich für immer verloren? Warum werden alte Freunde so plötzlich zu Feinden?

> „Was die Menschen vor Ort und damit auch ich gelernt haben: Nichts ist unmöglich."

Noch bevor ich mir diese Fragen beantworten konnte, sind schon sehr viele unschuldige Menschen gestorben. Mächtige Herrscher wurden gestürzt. Die Husseins und Gaddafis unserer Welt. Einige von ihnen wurden von ehemaligen Verbündeten gejagt und ermordet. Andere wiederum sind zurückgekehrt an die Macht und besinnen sich zum Beispiel in Afghanistan nach Jahrzehnten zurück zum Extremismus. Ganze Länder sind mittlerweile im Chaos versunken. Manche zerbrochen. Wie der Sudan. Ein Staat, Südsudan, ist gar ganz neu entstanden, doch auch hier wurde das anfängliche Lodern der Freude rasch vom Blut eines brutalen Bürgerkriegs erstickt.

Was die Menschen vor Ort – und damit auch ich – gelernt haben: Nichts ist unmöglich. Nichts ist undenkbar. Auch in Europa sind nun die Kanonen geladen, die Land- und Seeminen platziert und die Stifte, um neue Landkarten zu zeichnen, gespitzt. Die Diplomatie ist tot. Waffen mit Waffen bekämpfen. Blut mit Blut waschen. Eine altmodische Art zu kämpfen, die wohl kaum vorstellbar war für die Kriegsführung im 21. Jahrhundert. Die Europäer scheinen vollkommen überrascht, dass sich der Mensch dieser Bestie Krieg noch immer nicht entledigen konnte. Die schauerlichen Erfahrungen der anderen Generationen sollten doch unser Lehrer sein.

Ich denke an eine besondere Begegnung in den sudanesischen Nuba-Bergen. Alles wirkt so unberührt. Ein Ort, der aus unserer Zeit gefallen zu sein scheint. Weitgehend ohne Handys, Strom, Autos oder Supermärkte. Alles ist so friedlich still und schön, nur der Wind ist zu hören. Eine biblische Gegend. Doch immer wieder stoße ich auf nicht explodierte Raketen und Bomben, die noch in der Erde stecken. Für die meisten Bewohner sind diese Raketen der einzige Kontakt mit Technik. Diejenigen, die sich nach einem Angriff nicht schnell genug in ein Erdloch schmeißen können, sterben oder werden durch Schrapnelle schwer verletzt. Nasima ist eine Krankenschwester vor Ort. Etliche Amputationen hat sie schon durchführen müssen. Auch bei Freunden. Sie könnte das Land jederzeit verlassen, doch sie möchte bleiben. Wäh-

Gaddafis zerstörte Flugflotte, Tripolis, Libyen, 2001.

rend die einen das Ziel anstreben, zu verletzen und zu töten, hat sie sich entschieden, ihr Leben dem Heilen zu verschreiben.

Krieg – ein kompromissloses, giftiges Kräftemessen, bei dem nur einer gewinnen soll. Dem Sieger ist ein prominenter Platz in den Geschichtsbüchern sicher. Doch dazwischen liegt ein blutiger Kreislauf von Elend, Schmerz, Trauer und Tod von unzähligen Namenlosen.

Jeder Krieg ist anders. Und doch gibt es viele Überschneidungen – trotz aller Unterschiedlichkeit der Natur der Konflikte. Inmitten all der Schrecken und Kriegsgräuel sind mir immer wieder Personen begegnet, die meinen Glauben an die Menschheit gefestigt haben. Es sind Menschen, die nicht in den Geschichtsbüchern stattfinden, die nicht in den Medien auftauchen, obwohl es ohne sie kaum einen Grund gäbe, noch hier sein zu wollen. Doch wie ist der Stoff beschaffen, aus dem diese Menschen gemacht sind?

In der libyschen Wüste überlebte ich nur knapp einen Anschlag. Unser Freund starb bei dem Raketenbeschuss. Ein paar Monate später kehrte ich zurück und war Gast bei der Familie des ermordeten Freundes. Seine Witwe schien an dem Verlust zu zerbrechen, die Männer in der Runde schworen Rache. In diesem Moment drehte sich die auf dem Boden sitzende Mutter zu ihren Söhnen und Enkeln und war plötzlich ganz klar. Das Kämpfen müsse nun endlich aufhören. Die Feinde nannte sie Brüder. In diesem Moment des größten Schmerzes durchbrach sie den ewigen selbstzerstörerischen Kreislauf der Rache und reichte den Feinden die Hand. Sie, die Mutter, war das Opfer eines Krieges geworden, den sie nie wollte. Sie war es, die den größtmöglichen Preis bezahlte. Die Mutter wusste, dass es nur einen einzigen Ausweg aus der Zerstörungswut eines Bürgerkrieges gibt, und offenbarte die Gabe, die nur den Großmütigen vorbehalten ist. Die Gabe, als erstes zu vergeben.

Während meiner Arbeit im Irak begegnete mir der allgegenwärtige Protagonist Gewalt in jeder Generation. Erst die Diktatur Saddams, dann die amerikanische Invasion, Bürgerkrieg, der Islamischer Staat und Korruption. Zu viel für ein einziges Land in so kurzer Zeit. Inmitten dieses toxischen Cocktails aus Hass, Unterdrückung und systematischem Unrecht interviewte ich das vermeintlich nächste Oberhaupt der Zoroastrier. Eine mystische Religion, die nur im Untergrund überleben konnte. Ihre Anhänger hatten gelernt, Jahrtausende strikte Zurückhaltung auszuüben. Im Gegensatz zu der Mehrheitsgesellschaft nehmen Zoroastrier Abstand von Dogma und Zwang. Da sie sich dem Licht zuwenden, wurden sie in den letzten tausend Jahren als Feueranbeter verspottet und verfolgt, denn in ihrem Dualismus haben Zoroastrier sich zwischen dem Bösen und dem Guten, dem Dunkeln und dem Licht zu entscheiden. In der jahrtausendealten Religion sind Mann und Frau gleichgestellt. Und das in einer so patriarchalischen Zeit und Umgebung. Voller Verwunderung blieb ich zurück und fragte mich, was denn in den tausenden Jahren so verdammt schieflaufen konnte. Wie mutig ist es, in einer stark militarisierten, überbewaffneten, gewaltbereiten Umgebung die anderen anzuerkennen und die Liebe als Religion zu wählen?

So bleibt die Gestalt von Mut für mich bis heute voller Überraschungen. Ich denke zum Beispiel an die afghanische Künstlerin und Autorin Nahid Shahalimi, die als Teenager vertrieben wurde, über die Berge Afghanistans fliehen musste und alles verlor. Und was macht sie? Dem Hass der Verfolger stellt sie etwas gegenüber, was noch mächtiger ist und was ihr die Kostbarkeit der inneren Freiheit schenkt: Die Gabe, weiterhin zu lieben.

Im Kongo besuchte ich Frauen, die fast zu Tode vergewaltigt wurden. Hunderttausende, manche sprechen von Millionen, teilen dieses Schicksal. Eine von ihnen, Masika, ist die ermutigendste Frau, die ich je getroffen habe. Ihr Leid ist zu brutal, als dass ich es hier wiedergeben möchte. Sie hat im wahrsten Sinne des Wortes Unvorstellbares überlebt. Doch anstatt an dem Leid verrückt zu werden oder zur Rächerin zu werden, legte sie den Eid ab: Wenn ihr geholfen würde, dann würde sie den Rest ihres Lebens anderen Opfern helfen. Und sie hielt Wort. Masika gründete ein Refugium für Leidensgenossinnen und half ihnen, Frieden mit dem Geschehenen zu schließen.

Immer wieder sollte sie zum Schweigen gebracht werden, da sie ein Tabu brach, indem sie die Täter und nicht die Opfer stigmatisierte. Vielleicht ist auch das glückliche Weiterleben der größte Akt der Rache. Heute lebt sie nicht mehr, aber ihre Fähigkeit, Hoffnung zu teilen, und ihre unerschütterliche Zuversicht sind tief verankert bei Tausenden von Menschen, die sie inspiriert hat. Ich bin einer davon.

„Es ist der Mut dieser Menschen,
der mich an Wunder glauben lässt.
Mut zur Menschlichkeit."

Frauen, die trotz allem an das Gute glauben, die dem tiefsten Schmerz der Welt ihre persönliche Vergebung entgegenstellen. Die die Macht der anderen über ihr restliches Leben an dieser Stelle brechen – sie sind die Mutigsten. Denn in der Zange des Hasses nehmen sie sich das Recht, Mensch bleiben zu dürfen.

Was man der Gewalt entgegnen kann, ist dieser Mut. Doch woher kommt er denn nun bloß, dieser inspirierende Mut? In der jahrelangen Arbeit an den entlegendsten Orten dieser Welt sind meine Beobachtungen folgende: Wann und wo er auftaucht bleibt sein Geheimnis. Als Überraschungsgast geht er einen Pakt nur mit einzelnen Menschen ein. Und diejenigen, die ihn haben, würden das nie zugeben, denn sein Begleiter ist Bescheidenheit. Mut kennt keine Grenzen, ist universal. Er meldet sich nicht an und er schlüpft in diejenigen, denen man es am wenigsten zutraut.

Dieses Wunder beeindruckt Menschen wie mich. Und dieses Wunder ängstigt diejenigen, die die Macht missbrauchen, die Diktatoren und Lügner, denn auch sie wissen nie, wann der Mut in welchem Menschen erwacht. Sie wollten sie vernichten und haben die Mutigen dadurch erst erschaffen in ihrer Größe.

Es ist der Mut dieser Menschen, der mich an Wunder glauben lässt. Mut zur Menschlichkeit. Fast immer waren es die Unscheinbaren, oft Frauen, die dieses einzigartige Bündnis zwischen Klugheit und Menschlichkeit eingegangen sind. Die der hässlichen Krankheit des Krieges, denn nichts anderes ist der Krieg, ihren gesunden Verstand gegenüberstellen. Die in Klarheit und Wahrheit leben, lieben und handeln. Es sind diese Menschen, die ich in meiner Arbeit sichtbar machen will und muss. Diese Menschen sind der Segen für die Welt. Denn ohne sie würde es uns nicht mehr geben.

ANHANG

Textnachweise

VORWORT

Christopher Martin: Under The Wire. Dokumentation über Marie Colvin, GB 2018, Abramorama

CHRISTIANE AMANPOUR

Radio-Television News Director's Association: Keynote Speech at the 2000 Murrow Awards Ceremony von Christiane Amanpour am 13.09.2000 http://gos.sbc.edu/a/amanpour.html

Steven Kinzer: Where There's War There's Amanpour, New York Times Magazine, 09.10.1994 https://www.nytimes.com/1994/10/09/magazine/where-there-s-war-there-s-amanpour.html

Peter Arnett: Unter Einsatz des Lebens, München 1994, Droemer Knaur

Katja Ridderbusch: Christiane Amanpour. Eine Reporterin sucht den Krieg, Die Welt, 06.07.1999 https://www.welt.de/print-welt/article576170/Christiane-Amanpour-Eine-Reporterin-sucht-den-Krieg.html

Noor Brara: Discussing Sex and Love Around the World With Christiane Amanpour, Vogue, 17.03.2018 https://www.vogue.com/article/christiane-amanpour-sex-and-love-around-the-world

Konstantin von Hammerstein: Zur richtigen Zeit am richtigen Ort, Der Spiegel, 23.05.1999 https://www.spiegel.de/politik/zur-richtigen-zeit-am-richtigen-ort-a-2dodda1a-0002-0001-0000-000013436442

Frank Hornig und Thomas Schulz: „Es ist eine Tragödie", Der Spiegel, 26.09.2009 https://www.spiegel.de/spiegel/a-651436.html

Julie Ferry: Christiane Amanpour: „What we do is really tough", The Guardian, 15.08.2007 https://www.theguardian.com/media/2007/aug/15/television

HadleyFreeman: Christiane Amanpour: „There's still so much prejudice out there", The Guardian, 15.04.2012 https://www.theguardian.com/media/2012/apr/15/christiane-amanpour-interview

KATRIN EIGENDORF

Interview von Rita Kohlmaier mit Katrin Eigendorf im Juni 2022.

CATHERINE JENTILE

Aus: Catherine Jentile: Mein Beruf, der Krieg. Aus dem Franz. von Jutta Deutmarg. Kreuzlingen/München 2002, Hugendubel Verlag, Seite 25, 11, 171

CLARISSA WARD

Katharina Domiter: Eine Frau, die alles riskiert: Clarissa Ward, Woman, 19.08.2021 https://www.woman.at/a/portrait-clarissa-ward

Clarissa Ward: On all Fronts, New York 2020, Penguin Random House

Kathleen Baird-Murray: War Reporter Clarissa Ward Talks Fear, Family And The Front Line In British Vogue, Vogue, 14.12.2021 https://www.vogue.co.uk/arts-and-lifestyle/article/clarissa-ward-interview

CNN (YouTube): See moment that made Clarissa Ward stop reporting and help, 05.03.2022 https://www.youtube.com/watch?v=4pdNnpCD5Ew

CNN (YouTube): „This is Hell": Clarissa Ward addresses the U.N., 12.08.2016 https://www.youtube.com/watch?v=XJZ6xz6X-zA

Ann-Kathrin Nezik: Clarissa Ward: „Ich bin nicht furchtlos", Zeit online, 09.01.2022 https://www.zeit.de/2022/02/clarissa-ward-berichterstattung-afghanistan-taliban

Women for Women International: Clarissa Ward. Fünf Tipps aus dem Leben einer Kriegsreporterin, 22.10.2020 https://womenforwomeninternational.de/blog/fünf-tipps-aus-dem-leben-einer-kriegsreporterin

ANTONIA RADOS

Aus: Antonia Rados: Die Fronten sind überall, Wien 2009, Picus Verlag, Seite 31

MARGARET BOURKE-WHITE

Elisabeth Bronfen und Daniel Kampa (Hg.): Eine Amerikanerin in Hitlers Badewanne, Hamburg 2015, Hoffmann und Campe

Vicki Goldberg: Bourke-White, New York 1988, United Technologies Corporation

LYNSEY ADDARIO

Cathrin Gilbert: Kriegsfotografin Lynsey Addario: „Blute ich? Blute ich?". Die Fotografin Lynsey Addario dokumentiert den Mord an ukrainischen Zivilisten. Sie entkam dem Tod dabei selbst nur knapp, Zeit online, 08.04.2022 https://wwwzeit.de/2022/15/kriegsfotografin-lynsey-addario-ukraine/komplettansicht

Christian Mayer: Im Schussfeld. Lynsey Addario berichtet als Kriegsfotografin aus den gefährlichsten Ländern der Welt, Süddeutsche Zeitung, 26.02.2016 https://www.sueddeutsche.de/leben/portraet-im-schussfeld-1.2879600

Lynsey Addario: Jeder Moment ist Ewigkeit, Berlin 2016, Econ

Kai Müller: Kriegsreporterin Lynsey Addario. Der letzte Einsatz, Der Tagesspiegel, 14.03.2016 https://www.tagesspiegel.de/gesellschaft/kriegsreporterin-lynsey-addario-der-letzte-einsatz/13309232.html

Andrej Reisin: Bilder des Krieges. Warum wir zeigen sollten, was wir nicht sehen wollen, Übermedien, 12.03.2022 https://uebermedien.de/69348/ukraine-bilder-des-krieges-warum-wir-zeigen-sollten-was-wir-nicht-sehen-wollen/

„Das war das Ziel: die Zivilisten", Interview mit Lynsey Addario, Heute Journal, 08.03.2022 https://www.zdf.de/nachrichten/heute-journal/das-war-das-ziel-die-zivilisten-100.html

LEE MILLER

Lee Miller: Krieg. Reportagen und Fotos, Berlin 2013, Verlag Klaus Bittermann

NICOLE TUNG

Aus: Geoff Blackwell, Ruth Hobday (Hg.) und Kieran E. Scott (Fotos): 200 Frauen: Was uns bewegt. Frauen, die den Blick auf unsere Welt verändern, München 2017, Elisabeth Sandmann Verlag, Seite 89

MARTHA GELLHORN

Hans-Jörg Michaelsen: Reporterin Martha Gellhorn. Öffentliche Kriege und private Schlachten, Der Spiegel, 10.11.2008 https://www.spiegel.de/geschichte/reporterin-martha-gellhorn-a-947998.html

Martha Gellhorn: Das Gesicht des Krieges, Zürich 2012, Dörlemann Verlag

Elisabeth Bronfen und Daniel Kampa (Hg.): Eine Amerikanerin in Hitlers Badewanne, Hamburg 2015, Hoffmann und Campe

A. E. Hotchner: Papa Hemingway, München 1966, Piper Verlag

Martha Gellhorn: Ausgewählte Briefe, Frankfurt/Main 2020, Fischer Taschenbuch Verlag

Nicholas Gilmore: The Female War Correspondent Who Sneaked into D-Day, Saturday Evening Post, 08.11.2018 https://www.saturdayeveningpost.com/2018/11/the-female-war-correspondent-who-sneaked-into-d-day/

Susannah Hunnewell: The Art of War Reporting: An Interview with Janine di Giovanni, The Paris Review, 02.05. 2016 https://www.theparisreview.org/blog/2016/05/02/the-art-of-war-reporting-an-interview-with-janine-di-giovanni/

CAROLIN EMCKE

Aus: Carolin Emcke: Von den Kriegen. Briefe an Freunde, © S.Fischer Verlag GmbH, Frankfurt/Main 2004, Seite 23–25

ORIANA FALLACI

Oriana Fallaci: Wir, Engel und Bestien, München 1974, Deutscher Taschenbuch-Verlag

Cristina De Stefano: Oriana Fallaci, München 2016, btb Verlag

Oriana Fallaci: Inschallah, Köln 1992, Kiepenheuer & Witsch

MARGUERITE HIGGINS

Marguerite Higgins: Kriegsschauplatz Korea. Übers.: Hanns-Georg Sommerwerck. Frankfurt/Main 1951, Verlag der Parma-Edition

JANINE DI GIOVANNI

Susannah Hunnewell: The Art of War Reporting: An Interview with Janine di Giovanni, The Paris Review, 02.05. 2016 https://www.theparisreview.org/blog/2016/05/02/the-art-of-war-reporting-an-interview-with-janine-di-giovanni/

Janine di Giovanni: Der Morgen als sie uns holten. Berichte aus Syrien, Frankfurt/Main 2016, S. Fischer Verlag

Janine di Giovanni: Life During Wartime. Remembering the siege of Sarajevo, Harpers's Magazine, 04/2013 https://harpers.org/archive/2013/04/life-during-wartime/

Sacha Batthyany: Nach der Schlacht, Süddeutsche Zeitung Magazin, 14.12.2011 https://sz-magazin.sueddeutsche.de/medien/nach-der-schlacht-78677

Eva Kelley: Conflict Reporter Janine di Giovanni Tells Us What War Is Actually Like, 032c, 29.03.2017 https://032c.com/magazine/war-reporter-digiovanni

ERIKA MANN

Erika Mann: Blitze überm Ozean, Reinbek 2000, Rowohlt Verlag

Marcel Reich-Ranicki: Thomas Mann und die Seinen, Frankfurt/Main 2001, Fischer Taschenbuch Verlag

Hildegard Möller: Die Frauen der Familie Mann, München 2004, Piper Verlag

ÅSNE SEIERSTAD

Aus: Åsne Seierstad: Tagebuch aus Bagdad. Alltag zwischen Angst und Hoffnung. Aus dem Norweg. von Holger Wolandt. München 2003, Claassen Verlag, S. 197, © die Autorin und Ullstein Buchverlage GmbH, Berlin

ANJA NIEDRIGHAUS

https://www.anjaniedringhaus.com/ancipa

Anja Niedringhaus: Emotions Speak Through Images. An Essay in Words and Photographs, NiemanReports, 15.06.2007 https://niemanreports.org/articles/emotions-speak-through-images/

Die Kamera ist „so eine kleine Schutzschicht". Anja Niedringhaus im Gespräch mit Ulrike Timm, Deutschlandfunk Kultur, 12.09.2011 https://www.deutschlandfunkkultur.de/die-kamera-ist-so-eine-kleine-schutzschicht-100.html

Anja Niedringhaus: Die Direkte, Faktor,

08.12.2007 https://www.faktor-magazin.de/die-direkte/
Hanna Gieffers: Kriegsfotografin Anja Niedringhaus: „Keiner würde sagen: Hör auf damit!", Süddeutsche Zeitung, 04.04.2014 https://www.sueddeutsche.de/medien/kriegsfotografin-anja-niedringhaus-keiner-wuerde-sagen-hoer-auf-damit-1.1930146
Hannelore Fischer (Hg.): Anja Niedringhaus, Bilderkriegerin, Köln 2019, Wienand Verlag
„Hier kämpft ein Soldat um sein Leben", Bild-Zeitung, 23.12.2011
Anja Niedringhaus: A Day in Afghanistan: Lucky charms and bullet holes in a chopper, The Salt Lake Tribune, 17.06.2011 https://archive.sltrib.com/article.php?id=52029038&itype=cmsid
Anneke Quasdorf: Gespräch mit Anja Niedringhaus 2011: Leben im Sucher, Neue Westfälische, 26.11.2015 https://www.nw.de/lokal/kreis_hoexter/hoexter/20636855_Gespraech-mit-Anja-Niedringhaus 2011 Leben-im-Sucher.html

DICKEY CHAPELLE

Nina Strochlic: Dickey Chapelle: Inside the Daring Life of a Forgotten Female War Photographer, National Geographic, 17.08.2018 https://www.nationalgeographic.com/culture/article/world-photography-day-dickey-chapelle-female-war-photographer-combat-vietnam
Milwaukee PBS (YouTube): Behind The Pearl Earrings: The Story of Dickey Chapelle, 04.11.2015 https://www.youtube.com/watch?v=axPz5xIBwnc

MARIE COLVIN

Marie Colvin: On the Front Line. The Collected Journalism of Marie Colvin, London 2012, HarperCollins
Marie Colvin: „Our mission is to report these horrors of war with accuracy and without prejudice", The Guardian, 22.02.2012 https://www.theguardian.com/commentisfree/2012/feb/22/marie-colvin-our-mission-is-to-speak-truth
Reporter ohne Grenzen: Hunderte Journalisten tot, gefangen, geflohen, 15.03.2021 https://www.reporter-ohne-grenzen.de/pressemitteilungen/meldung/10-jahre-aufstand-in-syrien-hunderte-journalisten-tot-gefangen-geflohen
Marie Brenner: Marie Colvin's Private War, Vanity Fair, 08/2012 https://www.vanityfair.com/news/politics/2012/08/marie-colvin-private-war
Jörg Burger: Die Frau, die nicht wegsah, Zeit online, 28.02.2013 https://www.zeit.de/2013/10/Krieg-Reporterin-Marie-Colvin-Tod-Syrien
Andrea Nüsse, Die letzte Zeugin, Der Tagesspiegel, 24.02.2012 https://www. tagesspiegel.de/gesellschaft/medien/kriegsreporterin-getoetet-die-letzte-zeugin/6252042.html
Jana Sepehr und Pia Gralki: Zeugen des Kriegs: Über das Risiko, das Kriegsreporter*innen für die Wahrheit auf sich nehmen, Global Citizen, 27.09.2019 https://www.globalcitizen.org/de/content/journalismus-in-kriegsgebieten-save-the-children/
Lindsey Hilsum: On the Tenacity and Bravery of a Great Journalist Marie Colvin, Reporting from East Timor, Literary Hub 12.11.2018 https://lithub.com/on-the-tenacity-and-bravery-of-a-great-journalist/
Kriegsreporter in Syrien getötet: „Ich sah ein Baby sterben. Grauenhaft", Der Standard, 2022 https://www.derstandard.at/story/1329870065597/kriegsreporter-in-syrien-getoetet-ich-sah-ein-baby-sterben-grauenhaft
John Witherow, The silver girl sails off into the night, The Sunday Times, 26.02.2012 https://www.thetimes.co.uk/article/the-silver-girl-sails-off-into-the-night-tvqcjw9mshx

GERTA TARO

Irme Schaber: Gerta Taro, Marburg 1994, Jonas Verlag
Alex Kershaw: Robert Capa, Berlin 2002, Ullstein Verlag
Amanda Vaill: Hotel Florida, Stuttgart 2015, Klett-Cotta

ANNA POLITKOWSKAJA

Benjamin Bidder, Putins Kettenhund rebelliert, Der Spiegel, 24.04.2015 https://www.spiegel.de/politik/ausland/tschetschnien-ramsan-kadyrow-begeht-gegen-putin-auf-a-1030553.html
Politkowskaja: Termin mit dem Tod, Zeit online, 11.10.2006 https://www.zeit.de/2006/42/Anna_neu
Anna Politkowskaja: Im Bunker der Folterer, Zeit online, 10.10.2006 https://www.zeit.de/2001/10/200110_tschetschenien.xml
Katja Gloger und Bettina Sengling: Mord an Anna Politkowskaja: „Wir wollen nicht länger Sklaven sein", Stern, 08.10.2006 https://www.stern.de/politik/ausland/mord-an-anna-politkowskaja--wir-wollen-nicht-laenger-sklaven-sein--3325206.html
Sabine Adler: Ungeklärter Mord an einer unermüdlichen Aufklärerin, Deutschlandfunk Kultur, 07.10.2016 https://www.deutschlandfunkkultur.de/politkowskaja-vor-zehn-jahren-getoetet-ungeklaerter-mord-an-100.html

Edelgard Abenstein: Frauen, die gefährlich leben, München 2010, Knesebeck Verlag
Rupert Neudeck: Anwältin der Tschetschenen. Zum Tod der Moskauer Journalistin Anna Politkowskaja, Zeit online, 11.10.2006 https://www.zeit.de/online/2006/41/mord-politkowskaja-neudeck/komplettansicht
Benjamin Bidder: „Heute wagt niemand, aus Tschetschenien zu berichten", Interview mit Ilja Politkowskij, Der Spiegel, 07.10.2011 https://www.spiegel.de/politik/ausland/politkowskaja-mord-heute-wagt-niemand-aus-tschetschenien-zu-berichten-a-790575.html

NATALIYA GUMENYUK

Nataliya Gumenyuk: I'm in Kyiv and awake at the darkest hour – as Putin's bombs rain down, The Guardian, 24.02.2022 https://www.theguardian.com/commentisfree/2022/feb/24/kyiv-putin-bombs-invasion-airstrikes-ukraine-russia
Nataliya Gumenyuk: Sie nennen sie die Deutschen, Zeit online, 16.04.2022 https://www.zeit.de/2022/16/ukraine-angriffskrieg-deutsche-nazis-russland
Nataliya Gumenyuk: Ukraine's Jewish Community Fights Back Against Russia's Invasion – and Against Putin's Lies, Rolling Stone, 14.05.2022 https://www.rollingstone.com/politics/politics-features/ukraine-jewish-community-russia-invasion-resistance-1351070/
Jutta Sommerbauer: Jüdisch in Dnipro. Die größte Einheitsgemeinde des Landes zeigt sich offen und äußerst vital, Jüdische Allgemeine, 01.09.2019 https://www.juedische-allgemeine.de/juedische-welt/juedisch-in-dnipro/
Nataliya Gumenyuk: Die verlorene Insel, Stuttgart 2020, ibidem Verlag
Nataliya Gumenyuk: After the horrors of Bucha, Ukrainians have changed the way we look at this war, The Guardian, 06.04.2022 https://www.theguardian.com/commentisfree/2022/apr/06/bucha-ukrainians-russian-military-donbas
Nataliya Gumenyuk: We forced the Russians back from Kyiv. Now we're braced for what comes next, The Guardian, 21.04.2022 https://www.theguardian.com/commentisfree/2022/apr/21/russians-kyiv-ukrainians-war-destruction

ALICE SCHALEK

Elisabeth Klaus: Rhetoriken über Krieg: Karl Kraus gegen Alice Schalek, Gender Open Repositorium, 2008 https://www.genderopen.de/bitstream/handle/25595/680/fs-2008-0107.pdf;jsessionid=AAD1AD881C1A506C27-CF61ECA68C6DD4?sequence=1
Karl Kraus: Die Fackel, Frankfurt/Main 1977, Zweitausendeins, Band 7, Mai 1916

YEVGENIA BELORUSESTS

Aus: Yevgenia Belorusets: Glückliche Fälle. Aus dem Russ. von Claudia Dathe. Berlin 2019, Seite 121/122, © MSB Matthes & Seitz Berlin Verlagsgesellschaft mbH

ANISA SHAHEED

Ein Textbeitrag von Nahid Shahalimi für dieses Buch, basierend auf Interviews und Gesprächen mit Anisa Shaheed im Mai und Juni 2022

GISÈLE KAHIMBANI UND LYLIANE SAFI

Basierend auf Interviews mit den beiden Reporterinnen im Juni 2022 in Goma, DR Kongo.

JUDITH RAUPP

Ein Textbeitrag von Judith Raupp für dieses Buch.

JULIA LEEB

Ein Textbeitrag von Julia Leeb für dieses Buch.

Literatur

Edelgard Abenstein: Frauen, die gefährlich leben, München 2010, Knesebeck Verlag
Lynsey Addario: Jeder Moment ist Ewigkeit, Berlin 2016, Econ
Peter Arnett: Unter Einsatz des Lebens, München 1994, Droemer Knaur
Anne-Marie Beckmann, Felicity Korn (Hg.): Fotografinnen an der Front, München 2019, Prestel Verlag
Yevgenia Belorusets: Glückliche Fälle, Berlin 2019, Matthes & Seitz
Elisabeth Bronfen und Daniel Kampa (Hg.): Eine Amerikanerin in Hitlers Badewanne, Hamburg 2015, Hoffmann und Campe
Richard Calvocoressi: Lee Miller, Begegnungen, Berlin 2002, Nicolaische Verlagsbuchhandlung
On the Front Line. The Collected Journalism of Marie Colvin, London 2012, HarperCollins
Cristina De Stefano: Oriana Fallaci, München 2016, btb Verlag
Jörg Eigendorf, Katrin Schut, Die Macher von Moskau, Düsseldorf 1994, Econ Taschenbuch Verlag
Katrin Eigendorf, Putins Krieg – Wie die Menschen in der Ukraine für unsere Freiheit kämpfen, Frankfurt/Main 2022, S. Fischer Verlag
Oriana Fallaci: Wir, Engel und Bestien, München 1974, dtv Verlag
Oriana Fallaci: Inschallah, Köln 1992, Kiepenheuer&Witsch

Hannelore Fischer (Hg.): Anja Niedringhaus, Bilderkriegerin, Köln 2019, Wienand Verlag
Konstantin Fleming: Alltag in der Hölle, Essen 2019, Klartext Verlag
Martha Gellhorn: Das Gesicht des Krieges, Zürich 2012, Dörlemann Verlag
Martha Gellhorn: Reisen mit mir und einem anderen, Zürich 2011, Dörlemann Verlag
Martha Gellhorn: Ausgewählte Briefe, Frankfurt am Main 2020, Fischer Taschenbuch
Janine di Giovanni: Der Morgen als sie uns holten. Berichte aus Syrien, Frankfurt am Main 2016, S. Fischer Verlag
Vicki Goldberg: Bourke-White, New York 1988, United Technologies Corporation
Nataliya Gumenyuk: Die verlorene Insel, Stuttgart 2020, ibidem Verlag
Marguerite Higgins: Kriegsschauplatz Korea, Frankfurt am Main 1951, Verlag der Parma-Edition
A.E. Hotchner: Papa Hemingway, München 1966, R.Piper&Co.
Catherine Jentile: Mein Beruf, der Krieg, Kreuzlingen / München 2002, Heinrich Hugendubel Verlag
Alex Kershaw: Robert Capa, Berlin 2002 Ullstein Verlag
Irmela von der Lühe: Erika Mann, Frankfurt am Main 1993, Campus Verlag
Erika Mann: Blitze überm Ozean, Reinbek, 2000, Rowohlt Verlag
„Beteiligt Euch, es geht um eure Erde", Erika-Mann-Ausstellung, München 2007, Bezirksausschuss Maxvorstadt
Lee Miller: Krieg. Reportagen und Fotos, Berlin 2013, Verlag Klaus Bittermann
Hildegard Möller: Die Frauen der Familie Mann, München 2004, Piper Verlag
Walter Moser, Klaus Albrecht Schröder (Hg.): Lee Miller, Berlin 2015, Hatje Cantz Verlag
Antony Penrose: Das Haus der Surrealisten, Berlin 2002, Nicolaische Verlagsbuchhandlung
Anna Politkowskaja: In Putins Russland, Köln 2005, DuMont Verlag
Antonia Rados: Die Fronten sind überall, Wien 2009, Picus Verlag
Antonia Rados: Live aus Bagdad, München 2003, Heyne Verlag
Marcel Reich-Ranicki: Thomas Mann und die Seinen, Frankfurt am Main 2001, Fischer Taschenbuch Verlag
Irme Schaber: Gerta Taro, Marburg 1994, Jonas Verlag
Norbert Schreiber (Hg.): Anna Politkowskaja, Chronik eines angekündigten Todes, Klagenfurt 2007. Wieser Verlag
Åsne Seierstad: Tagebuch aus Bagdad, München 2003, Claassen Verlag
Åsne Seierstad: Der Engel von Grosny, Frankfurt am Main 2009, S. Fischer Verlag
Susan Sontag: Das Leiden anderer betrachten, Frankfurt am Main 2005, Fischer Taschenbuch Verlag
Amanda Vaill: Hotel Florida, Stuttgart 2015, Klett-Cotta
Clarissa Ward: On all Fronts, New York 2020, Penguin Random House

DVDs

Christopher Martin: Under The Wire. Dokumentation über Marie Colvin, GB 2018, Abramorama
Die Geschichte der Kriegsberichterstattung, Fridolfing 2016, absolut Medien

Bildnachweis

Umschlagabbildung vorne: Julia Leeb, © privat; Umschlagrückseite: siehe S. 121, 104, 18, 112. S. 10: Avery Cunliffe/Avalon/Getty Images; S. 15: Scott Peterson/Liaison; S. 18: picture alliance/dpa/Jens Kalaene; S. 21: ZDF/Timo Bruhns; S. 26: picture alliance/ABACA/Khayat Nicolas; S. 28: picture alliance/Associated Press/ Uncredited; S. 33: picture alliance/Associated Press/Brent Swails; S. 36: picture alliance/abaca/ Abd Rabbo Ammar; S. 38: picture alliance/ Associated Press; S. 43: © Estate of Margaret Bourke-White; S. 46: Nichole Sobecki, www.nicholesobecki.com; S. 50: Lynsey Addario, www.lynseyaddario.com; S. 54: U.S. Army Center of Military History; S. 61: David E. Scherman © Courtesy Lee Miller Archives, England 2022. All rights reserved. www.leemiller.co.uk; S. 62: Chris McGrath, www.chrismcgrathphotography.com; S. 64: picture alliance/Associated Press/E. L. Chapin; S. 69: picture alliance/akg-images/akg-images; S. 74: Sebastian Bolesch; S. 76: picture alliance/picture alliance/AP Images; S. 80: © Estate of Oriana Fallaci; S. 84: Carl Mydans; S. 86: Peter Nicholls, www.peter-nicholls.com; S. 90: picture-alliance/dpa; S. 94: picture-alliance/akg-images/akg-images; S. 99: Library of Congress, New York World-Telegram & Sun Collection; S. 102: picture alliance/Sigrid Harms/ dpa/Sigrid Harms; S. 104: picture alliance dpa/ Peter Dejong; S. 109: picture alliance/dpa/Oliver Berg; S. 112: picture alliance/AP Photo/Lew Lowery; S. 115: Wisconsin Historical Society; S. 118: picture alliance/dpa/Ivor Prickett/ The Sunday Times; S. 121: picture alliance/AP Photo/Paul Conroy; S. 124: Fred Stein Archive/ Getty Images; S. 128: International Center of Photography; S. 132: picture-alliance/dpa/Simon Hollington; S. 138: IWPR; S. 141 picture alliance/ Associated Press/Vadim Ghirda; S. 144: picture-alliance /Imagno/Austrian Archives/Madame d'Ora; S. 148: picture alliance/Eventpress/ Eventpress Stauffenberg; S. 150: Anisa Shaheed; S. 155: Waheed Ahmadi; S. 158, 160, 162: © privat; S. 166: Samira Muhic; S. 169 © privat.